Das Erste Ukrainische Lesebuch für Anfänger

Olena Dniprova

Das Erste Ukrainische Lesebuch für Anfänger

Stufen A1 und A2

Zweisprachig mit Ukrainisch-deutscher Übersetzung

LANGUAGE
PRACTICE
PUBLISHING

Das Erste Ukrainische Lesebuch für Anfänger,
von Olena Dniprova

Audiodateien: www.lppbooks.com/Ukrainian/FURv1

Home page: www.audiolego.com

Umschlaggestaltung: Audiolego Design

Druck: KN Digital Printforce GmbH, Ferdinand-Jühlke-Straße 7, 99095 Erfurt

Зміст
Inhaltsverzeichnis

Anfänger Stufe 1A

Ukrainisches Alphabet

Druckschrift	Schreibschrift	Deutsche Aussprache
Аа	Аа	[a]
Бб	Бб	[b]
Вв	Вв	[w]
Гг	Гг	[g, gesprochen als gehauchtes h]
Ґґ	Ґґ	[g]
Дд	Дд	[d]
Ее	Ее	[ä]
Єє	Єє	[je]
Жж	Жж	[zh, wie Journalist]
Зз	Зз	[scharfes s, wie Suppe]
Ии	Ии	[y, hartes i]
Іі	Іі	[i]
Її	Її	[ji]
Йй	Йй	[j]
Кк	Кк	[k]
Лл	Лл	[l]
Мм	Мм	[m]
Нн	Нн	[n]
Оо	Оо	[o]

Пп	Пп	[p]
Рр	Рр	[r]
Сс	Сс	[s]
Тт	Тт	[t]
Уу	Уу	[u]
Фф	Фф	[f]
Хх	Хх	[ch]
Цц	Цц	[z]
Чч	Чч	[tsch, wie in Tschechien]
Шш	Шш	[sch, wie Schal]
Щщ	Щщ	[sch, wie Ski]
ь	ь	[weiches Zeichen, wird nicht ausgesprochen]
Юю	Юю	[ju]
Яя	Яя	[ja]

Wiedergabegeschwindigkeit der Audiodateien

Das Buch ist mit den Audiodateien ausgestattet. Die Adresse der Homepage des Buches, wo Audiodateien zum Anhören und Herunterladen verfügbar sind, ist am Anfang des Buches auf der bibliographischen Beschreibung vor dem Copyright-Hinweis aufgeführt. Mithilfe von QR-Codes kann man im Handumdrehen eine Audiodatei aufrufen, ohne Webadressen manuell eingeben. Öffnen Sie einfach ihre Kamera-App und halten ihr Smartphone über den gedruckten QR-Code. Ihr Smartphone erkennt was sich hinter dem Code verbirgt und bittet Sie dem eingescannten Audiodateilink zu folgen. Wir empfehlen Ihnen, den kostenlosen VLC-Mediaplayer zu verwenden, die Software, die zur Steuerung der Wiedergabegeschwindigkeit verwendet werden kann.

1

У Рóберта є собáка

Robert hat einen Hund

Словá

Vokabeln

1. авторýчка - der Stift; авторýчки - die Stifte
2. багáто - viel
3. велúкий - groß
4. велосипéд - das Fahrrad
5. вíкна - die Fenster; вікнó - das Fenster
6. він - er
7. вонú - sie (Pl)
8. вýлиця - die Straße; вýлиці - die Straßen
9. гáрний - schön
10. готéль - das Hotel; готéлі - die Hotels
11. записнúк, нотáтник - das Notizbuch; записникú, нотáтники - die Notizbücher
12. зелéний - grün
13. зíрка - der Stern
14. йогó - sein, seine; йогó лíжко - sein Bett
15. і, й, та / а - und

16. кімна́та - das Zimmer; кімна́ти - die Zimmer
17. кі́шка, ки́цька - die Katze
18. кни́га - das Buch
19. крамни́ця - der Laden; крамни́ці - die Läden
20. Крі́стіан - Kristian (Name)
21. лі́жка - die Betten; лі́жко - das Bett
22. ма́є - er/sie/es hat; Він ма́є кни́гу. - Er hat ein Buch.
23. мале́нький - klein
24. ма́ти - haben
25. мі́й (M), моя́ (F), моє́ (N), мої́ (Pl) - mein, meine, mein, meine
26. мрі́я - der Traum
27. не - nicht
28. ніс - die Nase
29. нови́й - neu
30. Оде́са - Odessa
31. оди́н - ein
32. о́ко - das Auge; о́чі - die Augen
33. парк - der Park; па́рки - die Parks
34. Па́ша - Pascha (Name)
35. Ро́берт - Robert (Name)
36. си́ній - blau
37. слова́ - die Wörter, die Vokabeln; сло́во - das Wort, die Vokabel
38. соба́ка - der Hund
39. стіл - der Tisch; столи́ - die Tische
40. студе́нт - der Student; студе́нти - die Studenten
41. теж, та́кож - auch
42. текст - der Text
43. ті - jene (Pl.)
44. той (M), та (F), те (N) - jener, jene, jenes
45. у ме́не - ich habe, у нас - wir haben, у те́бе / у вас - du hast / ihr habt, у Вас - Sie haben, у ньо́го - er / es hat, у не́ї - sie hat, у них - sie haben
46. цей (M), ця (F), це (N) - dieser, diese, dieses; ця кни́га - dieses Buch
47. ці - diese
48. чо́рний - schwarz
49. чоти́ри - vier
50. я - ich

B

У Ро́берта є соба́ка

1.Це́й студе́нт ма́є кни́гу. 2.Він ма́є ру́чку та́кож.

3.Оде́са має бага́то ву́лиць і па́рків.
4.Ця ву́лиця ма́є нові́ готе́лі та

Robert hat einen Hund

1.Dieser Student hat ein Buch. 2.Er hat auch einen Stift.

3.Odessa hat viele Straßen und Parks.
4.Diese Straße hat neue Hotels und Läden.

крамни́ці. 5.Цей готе́ль ма́є чоти́ри зі́рки. 6. Цей готе́ль ма́є бага́то хоро́ших вели́ких кімна́т.

5.Dieses Hotel hat vier Sterne. 6.Dieses Hotel hat viele schöne, große Zimmer.

7.Та кімна́та ма́є бага́то ві́кон. 8.А ці кімна́ти не ма́ють бага́то ві́кон. 9.Ці кімна́ти ма́ють чоти́ри лі́жка. 10.А ті кімна́ти ма́ють одне́ лі́жко. 11.Та кімна́та не ма́є бага́то столі́в. 12. А ті кімна́ти ма́ють бага́то вели́ких столі́в.

7.Jenes Zimmer hat viele Fenster. 8.Und diese Zimmer haben nicht viele Fenster. 9.Diese Zimmer haben vier Betten. 10.Und diese Zimmer haben ein Bett. 11.Jenes Zimmer hat nicht viele Tische. 12.Und diese Zimmer haben viele große Tische.

13.Ця ву́лиця не ма́є готе́лів. 14.Та вели́ка крамни́ця не ма́є бага́то ві́кон.

13.In dieser Straße sind keine Hotels. 14.Dieser große Laden hat nicht viele Fenster.

15.Ці студе́нти ма́ють зо́шити. 16.Вони́ ма́ють ру́чки та́кож. 17.Ро́берт ма́є оди́н мале́нький чо́рний зо́шит. 18.Крі́стіан ма́є чоти́ри нові́ зеле́ні зо́шити.

15.Diese Studenten haben Notizbücher. 16.Sie haben auch Stifte. 17.Robert hat ein kleines schwarzes Notizbuch. 18.Kristian hat vier neue grüne Notizbücher.

19.Цей студе́нт ма́є велосипе́д. 20.Він ма́є нови́й си́ній велосипе́д. 21.Па́ша ма́є велосипе́д теж. 22.Він ма́є га́рний чо́рний велосипе́д.

19.Dieser Student hat ein Fahrrad. 20.Er hat ein neues blaues Fahrrad. 21.Pascha hat auch ein Fahrrad. 22.Er hat ein schönes schwarzes Fahrrad.

23.У Крі́стіана є мрі́я. 24.У ме́не є мрі́я теж. 25.У ме́не нема́є соба́ки. 26.У ме́не є ки́цька. 27.У моє́ї ки́цьки га́рні зеле́ні о́чі. 28.У Ро́берта нема́є ки́цьки. 29.У ньо́го є соба́ка. 30.У його́ соба́ки мале́нький чо́рний ні́с.

23.Kristian hat einen Traum. 24.Ich habe auch einen Traum. 25.Ich habe keinen Hund. 26.Ich habe eine Katze. 27.Meine Katze hat schöne grüne Augen. 28.Robert hat keine Katze. 29.Er hat einen Hund. 30.Sein Hund hat eine kleine schwarze Nase.

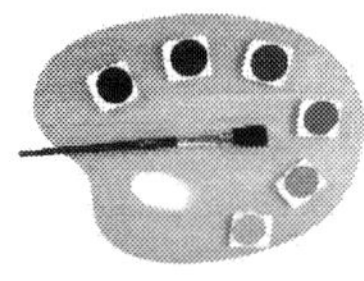

2

Воні́ живу́ть в Оде́сі

Sie wohnen in Odessa

A

Слова́

Vokabeln

1. брат - der Bruder
2. вели́кий - groß
3. вона́ - sie
4. голо́дний - hungrig
5. два - zwei
6. жить / жи́ти - leben, wohnen
7. з, від - aus
8. за́раз - jetzt, zurzeit, gerade
9. знахо́диться / знахо́дитися - ist, befindet sich; Крамни́ця знахо́диться по́ряд. - Der Laden ist nah.

10. знахо́дяться - sind, befinden sich; Крамни́ці знахо́дяться по́ряд. - Die Läden sind nah.
11. купува́ть / купува́ти - kaufen
12. Лю́ба - Luba (Name)
13. ма́ти / ма́тір - die Mutter
14. ми - wir
15. мі́сто - die Stadt
16. на - in, on, at
17. ні́мець - der Deutsche, ні́мка / німке́ня - die Deutsche
18. німе́цький - deutsche
19. Норве́гія - Norwegen
20. се́ндвіч - das Sandwich
21. сестра́ - die Schwester
22. суперма́ркет - der Supermarkt
23. ти / Ви / ви - du / Sie / ihr
24. у, в - in
25. Украї́на - die Ukraine
26. украї́нець (M) - Ukrainer
27. украї́нка (F) - Ukrainerin
28. украї́нський (Adj) - ukrainisch

B

Вони́ живу́ть в Оде́сі

1.Оде́са вели́ке мі́сто. 2. Оде́са знахо́диться в Украї́ні.

3.Це Ро́берт. 4.Ро́берт студе́нт. 5.Він знахо́диться за́раз в Оде́сі. 6.Ро́берт з Німе́ччини. 7.Він ні́мець. 8.Ро́берт має ма́тір, ба́тька, бра́та й сестру́. 9.Вони́ живу́ть в Німе́ччині.

10.Це Кр́істіан. 11.Кр́істіан студе́нт теж. 12.Він з Норве́гії. 13.Він норве́жець. 14.Кр́істіан ма́є ма́тір, ба́тька й двох сесте́р. 15.Вони́ живу́ть в Норве́гії.

16.Ро́берт і Кр́істіан знахо́дяться за́раз у суперма́ркеті. 17.Вони́ голо́дні. 18.Вони́ купу́ють се́ндвічі.

Sie wohnen in Odessa

1.Odessa ist eine große Stadt. 2.Odessa ist in der Ukraine.

3.Das ist Robert. 4.Robert ist Student. 5.Er ist zurzeit in Odessa. 6.Robert kommt aus Deutschland. 7.Er ist Deutscher. 8.Robert hat eine Mutter, einen Vater, einen Bruder und eine Schwester. 9.Sie leben in Deutschland.

10.Das ist Kristian. 11.Kristian ist auch Student. 12.Er kommt aus Norwegen. 13.Er ist Norwege. 14.Kristian hat eine Mutter, einen Vater und zwei Schwestern. 15.Sie leben in Norwegen.

16.Robert und Kristian sind gerade im Supermarkt. 17.Sie haben Hunger. 18.Sie kaufen Sandwichs.

19.Це Лю́ба. 20.Лю́ба украї́нка. 21.Лю́ба живе́ в Оде́сі теж. 22.Вона́ не студе́нтка.

19.Das ist Luba. 20.Luba ist Ukrainerin. 21.Luba wohnt auch in Odessa. 22.Sie ist kein Student.

23.Я студе́нт. 24.Я з Німе́ччини. 25.Я за́раз у Оде́сі. 26.Я не голо́дний.

23.Ich bin Student. 24.Ich komme aus Deutschland. 25.Ich bin zurzeit in Odessa. 26.Ich habe keinen Hunger.

27.Ти студе́нт. 28.Ти ні́мець. 29.Ти за́раз не в Німе́ччині. 30.Ти в Украї́ні.

27.Du bist Student. 28.Du bist Deutsche. 29.Du bist zurzeit nicht in Deutschland. 30.Du bist in der Ukraine.

31.Ми студе́нти. 32.Ми за́раз в Украї́ні.

31.Wir sind Studenten. 32.Wir sind zurzeit in der Ukraine.

33.Це велосипе́д. 34.Велосипе́д си́ній. 35.Велосипе́д не нови́й.

33.Dies ist ein Fahrrad. 34.Das Fahrrad ist blau. 35.Das Fahrrad ist nicht neu.

36.Це соба́ка. 37.Соба́ка чо́рний. 38.Соба́ка не вели́кий.

36.Dies ist ein Hund. 37.Der Hund ist schwarz. 38.Der Hund ist nicht groß.

39.Це крамни́ці. 40.Крамни́ці не вели́кі. 41.Вони́ мале́нькі. 42.Та крамни́ця ма́є бага́то ві́кон. 43.Ті крамни́ці ма́ють не бага́то ві́кон.

39.Dies sind Läden. 40.Die Läden sind nicht groß. 41.Sie sind klein. 42.Dieser Laden hat viele Fenster. 43.Jene Läden haben nicht viele Fenster.

44.Та ки́цька знахо́диться в кімна́ті. 45.Ті кицьки́ знахо́дяться не в кімна́ті.

44.Die Katze ist im Zimmer. 45.Diese Katzen sind nicht im Zimmer.

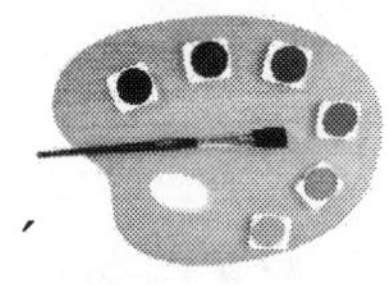

3

Вони́ украї́нці?

Sind sie Ukrainer?

A

Слова́

Vokabeln

1. біля - am, beim
2. Ви - Sie
3. всі, все - alle
4. де - wo
5. дім, буди́нок - das Haus
6. жінка - die Frau
7. її - ihr; її кни́га - ihr Buch
8. ка́рта - die Karte
9. кафе́ - das Café
10. на - auf
11. наш - unser
12. ні - nein
13. нія́кий, жо́дний / жо́ден - nein
14. сіді-пле́єр - der CD-Spieler

15. скíльки - wieviel
16. старúй - alt
17. так - ja
18. тварúна - das Tier
19. ти / ви - du / ihr
20. украї́нець (M), украї́нка (F) - Ukrainer / Ukrainerin, украї́нський (M) (Adj) - ukrainische; украї́нська мóва - ukrainische Sprache
21. хлóпець, пáрубок - der Junge
22. хлóпчик - der Junge
23. це, вонó - es
24. чоловíк - der Mann
25. як - wie

 B

Вонú украї́нці?

1

- Я хлóпець. Я в кімнáті.
- Ти украї́нець?
- Ні. Я нíмець.
- Ти студéнт?
- Так. Я студéнт.

2

- Це жíнка. Жíнка в кімнáті теж.
- Вонá німкéня?
- Ні. Вонá украї́нка.
- Вонá студéнтка?
- Ні. Вонá не студéнтка.

3

- Це чоловíк. Він за столóм.
- Він украї́нець?
- Так. Він украї́нець.

4

- Це студéнти. Вонú в пáрку.
- Вонú всі украї́нці?
- Ні. Це норвéжці, украї́нці та нíмці.

Sind sie Ukrainer?

1

- Ich bin ein Junge. Ich bin im Zimmer.
- Bist du Ukrainer?
- Nein. Ich bin Deutscher.
- Bist du Student?
- Ja, ich bin Student.

2

- Das ist eine Frau. Die Frau ist auch im Zimmer.
- Ist sie Deutsche?
- Nein. Sie ist Ukrainerin.
- Ist sie Studentin?
- Nein, sie ist nicht Studentin.

3

- Das ist ein Mensch. Er sitzt am Tisch.
- Ist er Ukrainer?
- Ja, er ist Ukrainer.

4

- Das sind Studenten. Sie sind im Park.
- Sind sie alle Ukrainer?
- Nein, sie sind nicht alle Ukrainer. Sie sind Deutsche, Ukrainer und Norwegen.

5

- Це стіл. Він вели́кий.
- Він нови́й?
- Так. Він нови́й.

6

- Це ки́цька. Вона́ в кімна́ті.
- Вона́ чо́рна?
- Так. Вона́ чо́рна й га́рна.

7

- Це велосипе́ди. Вони́ біля до́му.
- Вони́ чо́рні?
- Так. Вони́ чо́рні.

8

- Ти ма́єш зо́шит?
- Так.
- Скільки зо́шитів ти ма́єш?
- Я ма́ю два зо́шити.

9

- Він ма́є ру́чку?

Так.

- Скільки ру́чок він ма́є?
- Він ма́є одну́ ру́чку.

10

- Вона́ ма́є велосипе́д?
- Так.
- Її велосипе́д си́ній?
- Ні. Її велосипе́д не си́ній. Він зеле́ний.

11

- Ти ма́єш украї́нську книгу?
- Ні. Я не ма́ю украї́нської кни́ги. Я не ма́ю жо́дної кни́ги.

5

- Das ist ein Tisch. Er ist groß.
- Ist er neu?
- Ja, er ist neu.

6

- Das ist eine Katze. Sie ist im Zimmer.
- Ist sie schwarz?
- Ja, das ist sie. Sie ist schwarz und schön.

7

- Das sind Fahrräder. Sie stehen beim Haus.
- Sind sie schwarz?
- Ja, sie sind schwarz.

8

- Hast du ein Notizbuch?
- Ja.
- Wie viele Notizbücher hast du?
- Ich habe zwei Notizbücher.

9

- Hat er einen Stift?
- Ja.
- Wie viele Stifte hat er?
- Er hat einen Stift.

10

- Hat sie ein Fahrrad?
- Ja.
- Ist ihr Fahrrad blau?
- Nein, es ist nicht blau. Es ist grün.

11

- Hast du ein ukrainisches Buch?
- Nein, ich habe kein ukrainisches Buch. Ich habe keine Bücher.

12

- Вонá має кúцьку?
- Ні. У неї немáє кúцьки. Вонá не має жóдних тварúн.

13

- Ви мáєте сіді-плéєр?
- Ні, ми не мáємо. Ми не мáємо жóдного сіді-плéєра.

14

- Де нáша кáрта?
- Нáша кáрта в кімнáті.
- Вонá на столí?
- Так, вонá на столí.

15

- Де хлóпчики?
- Вонú в кафé.
- Де велосипéди?
- Вонú біля кафé.
- Де Крíстіан?
- Він теж в кафé.

12

- Hat sie eine Katze?
- Nein, sie hat keine Katze. Sie hat kein Tier.

13

- Habt ihr einen CD-Spieler?
- Nein. Wir haben keinen CD-Spieler.

14

- Wo ist unsere Karte?
- Unsere Karte ist im Zimmer.
- Liegt sie auf dem Tisch?
- Ja, sie liegt auf dem Tisch.

15

- Wo sind die Jungs?
- Sie sind im Café.
- Wo sind die Fahrräder?
- Sie stehen vor dem Café.
- Wo ist Kristian?
- Er ist auch im Café.

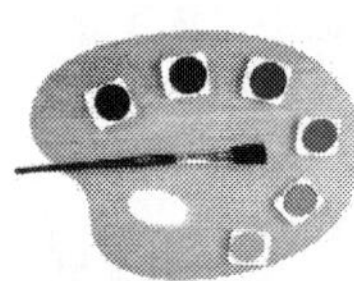

Будь ла́ска, Ви мо́жете допомогти́?

Können Sie mir bitte helfen?

Слова́

Vokabeln

1. або́ - oder
2. адре́са - die Adresse
3. але́ - aber
4. банк - die Bank
5. бра́ти / брать, взя́ти /взять - nehmen
6. будь ла́ска - bitte
7. говори́ти, каза́ти- sprechen
8. гра́ти / гра́ть - spielen
9. дава́ти / дава́ть - geben
10. для - für
11. до, в, на - zu; Я іду́ в банк. - Ich gehe zur Bank.

12. допомóга - die Hilfe; допомогти́ - helfen
13. дя́кувати - danken; Дя́кую вам. - Danke. Дя́кую. - Danke.
14. іти́ /йти / ходи́ти - gehen
15. ї́хати / ї́хать - fahren
16. мене́ - mir
17. мíсце - der Platz, поміща́ти - legen
18. могти́, умíти - können; Я умíю / мóжу чита́ти. - Ich kann lesen.
19. можли́во - wahrscheinlich, können; Я, можли́во, піду́ в банк. - Ich kann zur Bank gehen.
20. мóжна - dürfen, können; Мóжна Вам допомогти́? - Kann ich Ihnen helfen?
21. (на)писа́ти - schreiben
22. (на)учи́тися / (на)вчитися - lernen
23. не мóжна (+ Dative) - nicht dürfen; Йому́ не мóжна працюва́ти. - Er darf nicht arbeiten.
24. (по)кла́сти - legen
25. пови́нен, му́шу - müssen; Я пови́нен іти́. - Ich muss gehen.
26. робóта - Arbeit; працюва́ти - arbeiten
27. свíй - ersetzt alle Possessivpronomen (Singular und Plural), wenn das Subjekt im Satz der Besitzer des Objektes ist: Я використóвую свíй комп'ютер. - Ich benutze mein (eigener) Komputer.
28. сіда́ти - sich setzen; сидíти - sitzen
29. трéба / потрíбно (+ Dative) - brauchen
30. учи́ти / вивча́ти - lernen
31. чита́ти / чита́ть - lesen

B

Будь ла́ска, Ви мóжете допомогти́?

1

- Будь ла́ска, Ви мóжете мені допомогти́?
- Так.
- Я не мóжу написа́ти адрéсу украї́нською. Ви мóжете написа́ти її для мéне?

Können Sie mir bitte helfen?

1

- Können Sie mir bitte helfen?
- Ja, das kann ich.
- Ich kann die Adresse nicht auf Ukrainisch schreiben. Können Sie sie für mich schreiben?

- Так.

- Дя́кую.

2

- Ти вмі́єш гра́ти в те́ніс?

- Ні, не вмі́ю. Але́ я мо́жу навчи́тися. Ти мо́жеш допомогти́ мені́ навчи́тися?

- Так. Я мо́жу допомогти́ тобі́ навчи́тися гра́ти в те́ніс.

- Дя́кую.

3

- Ти вмі́єш говори́ти по-украї́нськи?

- Я вмі́ю говори́ти й чита́ти по-украї́нськи, але́ не вмі́ю писа́ти.

- Ти вмі́єш говори́ти по-німе́цьки?

- Я вмі́ю говори́ти, чита́ти й писа́ти по-німе́цьки.

4

- Лю́ба вмі́є говори́ти по-німе́цьки?

- Ні, не вмі́є. Вона́ украї́нка.

5

- Вони́ вмі́ють говори́ти по-украї́нськи?

- Так, умі́ють тро́хи. Вони́ студе́нти й вивча́ють украї́нську.

- Цей хло́пчик не вмі́є говори́ти по-украї́нськи.

6

- Де вони́?

- Вони́ за́раз гра́ють в те́ніс.

- Ми мо́жемо теж погра́ти?

- Так, ми мо́жемо погра́ти.

7

- Де Ро́берт?

- Він, можли́во, в кафе́.

- Ja, das kann ich.

- Danke.

2

- Kannst du Tennis spielen?

- Nein. Aber ich kann es lernen. Kannst du mir dabei helfen?

- Ja, ich kann dir helfen, Tennis spielen zu lernen.

- Danke.

3

- Sprichst du Ukrainisch?

- Ich kann Ukrainisch sprechen und lesen, aber nicht schreiben.

- Sprichst du Deutsch?

- Ich kann Deutsch sprechen, lesen und schreiben.

4

- Kann Luba auch Deutsch?

- Nein, sie kann kein Deutsch. Sie ist Ukrainerin.

5

- Sprechen sie Ukrainisch?

- Ja, ein bisschen. Sie sind Studenten und lernen Ukrainisch.

- Dieser Junge spricht kein Ukrainisch.

6

- Wo sind sie?

- Sie spielen gerade Tennis.

- Können wir auch spielen?

- Ja, das können wir.

7

- Wo ist Robert?

- Er ist vielleicht im Café.

8

- Сіда́йте за цей стіл, будь ла́ска.
- Дя́кую. Мо́жна я покладу́ свої́ кни́ги на той стіл?
- Так.
- Мо́жна Крі́стіану сі́сти за її стіл?
- Так.

9

- Мо́жна мені сі́сти на її лі́жко?
- Ні, не мо́жна.
- Мо́жна Лю́бі взя́ти його́ сіді-пле́єр?
- Ні. Їй не мо́жна бра́ти його́ сіді-пле́єр.
- Мо́жна їм взя́ти її ка́рту?
- Ні, не тре́ба.

10

- Тобі́ не мо́жна сіда́ти на її лі́жко.
- Їй не мо́жна бра́ти його́ сіді-пле́єр.
- Їм не мо́жна бра́ти ці зо́шити.

11

- Я пови́нен іти́ в банк.
- Ти пови́нен іти́ за́раз?
- Так.

12

- Ти пови́нен вивча́ти німе́цьку мо́ву?
- Мені́ не тре́ба вивча́ти німе́цьку. Я пови́нен вивча́ти украї́нську.

13

- Вона́ пови́нна йти в банк?
- Ні. Їй не обов'язко́во йти́ в банк.

14

- Мо́жна мені́ взя́ти цей велосипе́д?
- Ні, тобі́ не мо́жна бра́ти цей велосипе́д.

8

- Setzen Sie sich an diesen Tisch, bitte.
- Danke. Kann ich meine Bücher auf diesen Tisch legen?
- Ja.
- Darf Kristian sich an ihren Tisch setzen?
- Ja, das darf er.

9

- Darf ich mich auf ihr Bett setzen?
- Nein, das darfst du nicht.
- Darf Luba seinen CD-Spieler nehmen?
- Nein, sie darf seinen CD-Spieler nicht nehmen.
- Dürfen sie ihre Karte nehmen?
- Nein, das dürfen sie nicht.

10

- Du darfst dich nicht auf ihr Bett setzen.
- Sie darf seinen CD-Spieler nicht nehmen.
- Sie dürfen diese Notizbücher nicht nehmen.

11

- Ich muss zur Bank gehen.
- Musst du jetzt gehen?
- Ja.

12

- Musst du Deutsch lernen?
- Ich muss nicht Deutsch lernen. Ich muss Ukrainisch lernen.

13

- Muss sie zur Bank gehen?
- Nein, sie muss nicht zur Bank gehen.

14

- Darf ich dieses Fahrrad nehmen?
- Nein, du darfst dieses Fahrrad nicht nehmen.

15

- Мóжна нам поклáсти ці зóшити на її ліжко?
- Ні. Вам не мóжна поклáсти зóшити на її ліжко.

15

- Dürfen wir diese Notizbücher auf ihr Bett legen?
- Nein, ihr dürft die Notizbücher nicht auf ihr Bett legen.

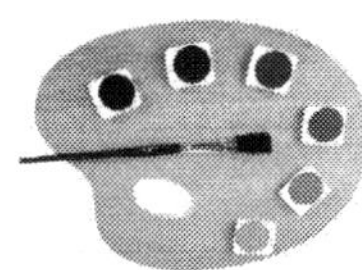

Die Audiodatei

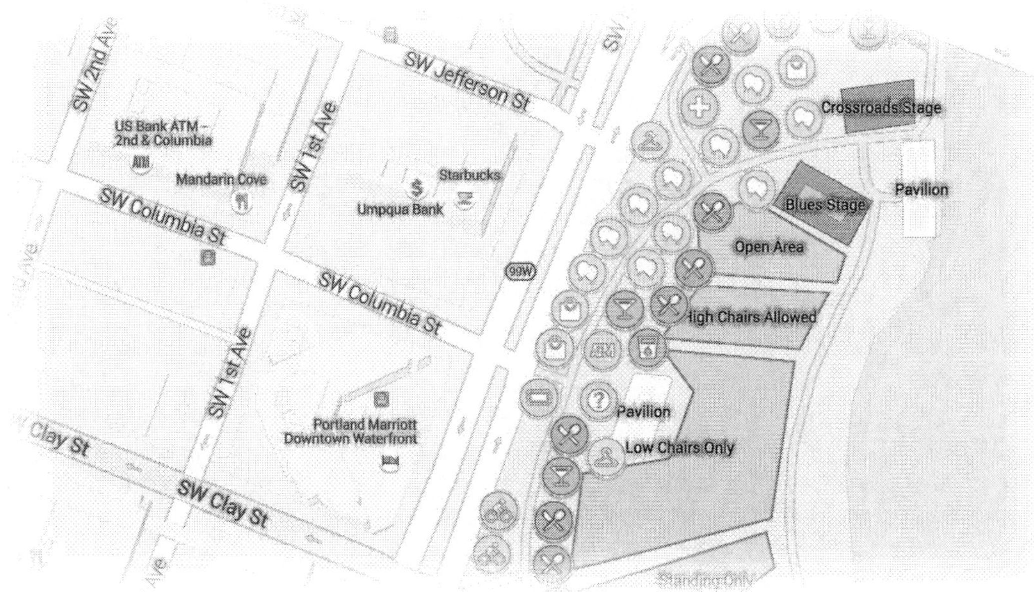

Ро́берт тепе́р живе́ в Украї́ні

Robert wohnt jetzt in der Ukraine

Слова́

Vokabeln

1. А́ня - Anya (Name)
2. вісім - acht
3. газе́та - die Zeitung
4. де́кілька, небага́то - ein paar
5. дівчинка, дівчина - das Mädchen
6. ї́сти - essen
7. іти́ / йти / ходи́ти - gehen
8. ко́жен - jeder
9. люби́ти - mögen, lieben
10. лю́ди - die Menschen
11. ме́блі - die Möbel
12. му́зика - die Musik
13. п’ять - fünf
14. пи́ти - trinken
15. пло́ща - der Platz
16. сім - sieben

17. слу́хати - hören; Я слу́хаю му́зику. - Ich höre Musik.
18. снідáнок - das Frühstück; снíдати - frühstücken
19. стілéць - der Stuhl
20. там - dort (Platz)
21. трéба, потрíбно - brauchen
22. три - drei
23. туди́ - dorthin (Richtung)
24. фéрма - der Bauernhof
25. хорóший, гáрний, дóбре - gut
26. хотíти - wollen
27. чай - der Tee
28. чи - ob; Чи мóже він допомогти́? - Ob er helfen kann?
29. шість - sechs
30. яки́й-нéбудь, бу́дь-яки́й - irgendein

B

Рóберт тепéр живé в Украї́ні	Robert wohnt jetzt in der Ukraine
1	1
Лю́ба дóбре читáє по- украї́нськи. Я читáю по- украї́нськи теж. Студéнти йдуть в парк. Вонá ідé в парк теж.	Luba liest gut Ukrainisch. Ich lese auch Ukrainisch. Die Studenten gehen in den Park. Sie geht auch in den Park.
2	2
Ми живéмо в Одéсі. Крíстіан зáраз теж живé в Одéсі. Йогó бáтько й мáтір живу́ть в Норвéгії. Рóберт зáраз теж живé в Одéсі. Йогó бáтько й мáтір живу́ть в Німéччині.	Wir wohnen in Odessa. Kristian wohnt jetzt auch in Odessa. Sein Vater und seine Mutter leben in Norwegen. Robert wohnt jetzt in Odessa auch. Sein Vater und seine Mutter leben in Deutschland.
3	3
Студéнти грáють в тéніс. Крíстіан грáє дóбре. Рóберт не грáє дóбре.	Die Studenten spielen Tennis. Kristian spielt gut. Robert spielt nicht gut.
4	4
Ми п’ємó чай. Лю́ба п’є зелéний чай. Пáша п’є чóрний чай. Я п’ю чóрний чай теж.	Wir trinken Tee. Luba trinkt grünen Tee. Pascha trinkt schwarzen Tee. Ich trinke auch schwarzen Tee.
5	5
Я слу́хаю му́зику. Áня слу́хає му́зику	Ich höre Musik. Ania hört auch Musik. Sie

теж. Вона́ лю́бить слу́хати га́рну му́зику.

hört gerne gute Musik.

6

Мені потрі́бно шість зо́шитів. Па́ші тре́ба сім зо́шитів. Лю́бі тре́ба ві́сім зо́шитів.

6

Ich brauche sechs Notizbücher. Pascha braucht sieben Notizbücher. Luba braucht acht Notizbücher.

7

А́ня хо́че пи́ти. Я теж хо́чу пи́ти. Крі́стіан хо́че ї́сти.

7

Ania will etwas trinken. Ich will auch etwas trinken. Kristian will etwas essen.

8

На столі́ є газе́та. Крі́стіан бере́ її та чита́є. Він лю́бить чита́ти газе́ти.

8

Dort liegt eine Zeitung auf dem Tisch. Kristian nimmt sie und liest. Er liest gerne Zeitung.

9

В кімна́ті є небага́то ме́блів. Там шість столі́в і шість стільці́в.

9

Im Zimmer gibt es Möbel. Es gibt dort sechs Tische und sechs Stühle.

10

В кімна́ті три ді́вчини. Вони́ їдя́ть сніда́нок. А́ня їсть хліб і п’є чай. Вона́ лю́бить зеле́ний чай.

10

Es sind drei Mädchen im Zimmer. Sie frühstücken. Ania isst Brot und trinkt Tee. Sie mag grünen Tee.

11

На столі́ є де́кілька книг. Вони́ не нові́. Вони́ старі́.

11

Auf dem Tisch liegen ein paar Bücher. Sie sind nicht neu. Sie sind alt.

12

- Чи є на цій ву́лиці банк?
- Так. На цій ву́лиці п’ять ба́нків. Ці ба́нки не вели́кі.

12

- Ist in dieser Straße eine Bank?
- Ja. Es gibt fünf Banken in dieser Straße. Sie sind nicht groß.

13

- Чи є лю́ди на пло́щі?
- Так. На пло́щі є де́кілька люде́й.

13

- Sind Menschen auf dem Platz?
- Ja, auf dem Platz sind ein paar Menschen.

14

- Чи є велосипе́ди бі́ля кафе́?
- Так. Бі́ля кафе́ чоти́ри велосипе́ди. Вони́ не нові́.

14

- Stehen Fahrräder vor dem Café?
- Ja, es stehen vier Fahrräder vor dem Café. Sie sind nicht neu.

15

- Чи є на цій ву́лиці готе́ль?
- Ні. На цій ву́лиці нема́є готе́лів.

16

- Чи є вели́кі крамни́ці на цій ву́лиці?
- Ні. На цій ву́лиці нема́є великих крамни́ць.

17

- Чи є фе́рми в Украї́ні?
- Так. В Украї́ні бага́то ферм.

18

- Чи є ме́блі в тій кімна́ті?
- Так. Там є чоти́ри столи́ та де́кілька стільців.

15

- Gibt es in dieser Straße ein Hotel?
- Nein, es gibt keine Hotels in dieser Straße.

16

- Gibt es in dieser Straße große Läden?
- Nein, es gibt keine großen Läden in dieser Straße.

17

- Gibt es in der Ukraine Bauernhöfe?
- Ja, es gibt viele Bauernhöfe in der Ukraine.

18

- Sind Möbel in diesem Zimmer?
- Ja, es sind dort vier Tische und einige Stühle.

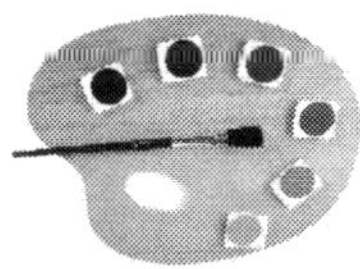

У Ро́берта бага́то дру́зів

Robert hat viele Freunde

Слова́

Vokabeln

1. аге́нтство - die Agentur
2. бага́то - viel, viele
3. ві́льний - frei
4. всере́дину - hinein
5. две́рі - die Tür
6. друг - der Freund
7. ду́же - sehr
8. жінки́ - der Frau (Dat)
9. зна́ти - kennen, wissen
10. ї́здити - fahren
11. іти́/йти - kommen / gehen
12. ка́ва - der Kaffee
13. ка́рта люди́ни - der Plan des Mannes
14. комп'ютер - der Computer
15. компа́кт-диск - die CD
16. Крі́стіана - Kristians
17. людина - der Mensch

18. ма́ло, тро́хи - wenig
19. ма́мин - der Muti (Dat)
20. маши́на - das Auto
21. Мико́ла - Mikola (Name)
22. Па́ші - Paschas; кни́га Па́ші - Paschas Buch
23. під - unter
24. плита́ кухо́нна - der Herd
25. Ро́берта - Roberts
26. робо́та - die Arbeit; аге́нтство з працевлаштува́ння - die Arbeitsvermittlung
27. сказа́ти - sagen
28. та́кож, теж - auch
29. та́то - der Vater, та́товий / та́тів- Vatis (Dat)
30. чи́стий - sauber; чи́стити - putzen

 B

У Ро́берта бага́то дру́зів

1

Ро́берт ма́є бага́то дру́зів. Дру́зі Ро́берта хо́дять у кафе́. Вони́ лю́блять пи́ти ка́ву. Дру́зі Ро́берта п'ють бага́то ка́ви.

2

Та́то Крі́стіана ма́є автомобі́ль. Та́тів автомобі́ль чи́стий, але стари́й. Та́то Крі́стіана ї́здить бага́то. Він ма́є га́рну робо́ту й у нього́ за́раз бага́то робо́ти.

3

Па́ша ма́є бага́то ди́сків. Ди́ски Па́ші на його́ лі́жку. Сіді-пле́єр Па́ші теж на його́ лі́жку.

4

Ро́берт чита́є украї́нські газе́ти. На столі́ в кімна́ті Ро́берта бага́то газе́т.

5

А́ня ма́є кі́шку й соба́ку. Кі́шка А́ні в

Robert hat viele Freunde

1

Robert hat viele Freunde. Roberts Freunde gehen ins Café. Sie trinken gerne Kaffee. Roberts Freunde trinken viel Kaffee.

2

Kristians Vater hat ein Auto. Das Auto seines Vaters ist sauber, aber alt. Kristians Vater fährt viel Auto. Er hat eine gute Arbeit und im Moment viel zu tun.

3

Pascha hat viele CDs. Paschas CDs liegen auf seinem Bett. Paschas CD-Spieler ist auch auf seinem Bett.

4

Robert liest ukrainische Zeitungen. Auf dem Tisch in Roberts Zimmer liegen viele Zeitungen.

5

Ania hat eine Katze und einen Hund. Anias

кімна́ті під лі́жком. Собака А́ні теж у кімна́ті.

6

У цьо́му автомобі́лі є люди́на. Ця люди́на ма́є ка́рту. Ка́ртаціє́ї люди́ни вели́ка. Ця люди́на ї́здить бага́то.

7

Я студе́нт. Я ма́ю бага́то ві́льного ча́су. Я йду в аге́нтство з працевлаштува́ння. Мені́ потрі́бна га́рна робо́та. У Крі́стіана й Ро́берта є тро́хи ві́льного ча́су. Вони́ теж іду́ть в аге́нтство з пра́ці. Крі́стіан ма́є комп'ютер. Аге́нтство мо́же да́ти Крі́стіану га́рну робо́ту.

8

Лю́ба ма́є нову́ кухо́нну плиту́. Плита́ Лю́би га́рна й чи́ста. Вона́ готу́є сніда́нок для свої́х діте́й. А́ня й Па́ша - ді́ти Лю́би. Ді́ти Лю́би п'ють бага́то ча́ю. Ма́ма п'є тро́хи ка́ви. Ма́ма А́ні мо́же сказа́ти ду́же ма́ло німе́цьких слі́в. Вона́ гово́рить німе́цькою ду́же ма́ло. Лю́ба ма́є робо́ту. У не́ї ма́ло ві́льного ча́су.

9

Ро́берт мо́же говори́ти украї́нською ма́ло. Ро́берт зна́є ма́ло украї́нських слі́в. Я зна́ю бага́то украї́нських слі́в. Я мо́жу тро́хи говори́ти украї́нською. Ця жі́нка зна́є бага́то украї́нських слі́в. Вона́ мо́же до́бре говори́ти украї́нською.

Katze ist im Zimmer unter dem Bett. Anias Hund ist auch im Zimmer.

6

In dem Auto ist ein Mann. Der Mann hat eine Karte. Die Karte des Mannes ist groß. Dieser Mann fährt viel Auto.

7

Ich bin Student. Ich habe viel Freizeit. Ich gehe zu einer Arbeitsvermittlung. Ich brauche einen guten Job. Kristian und Robert haben ein bisschen freie Zeit. Sie gehen auch zu der Arbeitsvermittlung. Kristian hat einen Computer. Die Agentur wird ihm vielleicht eine gute Arbeit geben.

8

Luba hat einen neuen Herd. Lubas Der Herd ist gut und sauber. Luba macht Frühstück für ihre Kinder. Ania und Pascha sind Lubas Kinder. Lubas Kinder trinken viel Tee. Die Mutter trinkt ein bisschen Kaffee. Anias Mutter kann nur ein paar Wörter auf Deutsch. Sie spricht sehr wenig Deutsch. Luba hat Arbeit. Sie hat wenig Freizeit.

9

Robert spricht wenig Ukrainisch. Er kennt nur sehr wenige ukrainische Wörter. Ich kenne viele ukrainische Wörter. Ich spreche ein bisschen Ukrainisch. Diese Frau kennt viele ukrainische Wörter. Sie spricht gut Ukrainisch.

10

Мико́ла працю́є в аге́нтстві з працевлаштува́ння. Це аге́нтство з працевлаштува́ння знахо́диться в Оде́сі. Мико́ла ма́є маши́ну. Маши́на Мико́ли на ву́лиці. У Мико́ли бага́то робо́ти. Він пови́нен ї́хати в аге́нтство. Він ї́де туди́. Мико́ла захо́дить в аге́нтство. Там бага́то студе́нтів. Їм потрі́бна робо́та. Робо́та Мико́ли - допомага́ти студе́нтам.

10

Mikola arbeitet in einer Arbeitsvermittlung. Diese Arbeitsvermittlung ist in Odessa. Mikola hat ein Auto. Mikolas Auto steht an der Straße. Mikola hat viel Arbeit. Er muss in die Agentur gehen. Er fährt mit dem Auto dorthin. Mikola kommt in die Agentur. Dort sind viele Studenten. Sie brauchen Arbeit. Mikolas Arbeit ist, den Studenten zu helfen.

11

Бі́ля готе́лю стої́ть маши́на. Две́рі маши́ни не чи́сті. Бага́то студе́нтів живе́ в цьо́му готе́лі. Кімна́ти готе́лю мале́нькі, але́ чи́сті. Це кімна́та Ро́берта. Вікно́ кімна́ти вели́ке й чи́сте.

11

Vor dem Hotel steht ein Auto. Die Türen des Autos sind nicht sauber.
In diesem Hotel wohnen viele Studenten. Die Zimmer des Hotels sind klein, aber sauber. Das ist Roberts Zimmer. Das Fenster des Zimmers ist groß und sauber.

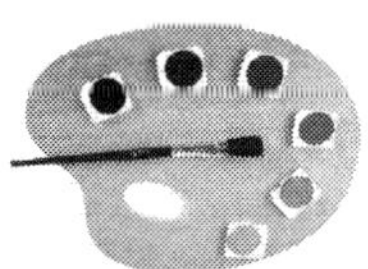

7

Па́ша купу́є велосипе́д

Pascha kauft ein Fahrrad

Слова́

Vokabeln

1. авто́бус - der Bus
2. ва́нна кімна́та - das Bad, das Badezimmer; ва́нна - die Badewanne; ва́нний сто́лик - der Badezimmertisch
3. дім, буди́нок - das Zuhause
4. з - mit
5. займа́ти час - Zeit nehmen; Це займа́є п'ять хвили́н. - Es nimmt fünf Minuten.
6. здо́рово - toll
7. ї́хати на велосипе́ді - Fahrrad fahren, mit dem Fahrrad fahren
8. ку́хня - die Küche
9. неділя - Sonntag

10. обли́ччя - das Gesicht
11. оди́н по о́дному - einer nach dem anderen
12. о́фіс - das Büro
13. подо́батися (passive form +Dative) - gefallen; Вона́ мені́ подо́бається. - Sie gefällt mir.
14. пої́здка - Fahrt
15. поку́пка - Einkauf
16. по́тім, тоді́, пото́му - dann; після цьо́го - danach
17. пра́льна маши́на - die Waschmaschine
18. прово́дити час - Zeit verbringen
19. ра́нок - der Morgen
20. роби́ти - machen
21. робо́чий - der Arbeiter
22. спо́рт - der Sport; спорти́вна крамни́ця - das Sportgeschäft, спорти́вний велосипе́д - das Sportfahrrad
23. сього́дні - heute
24. тому́ - deshalb
25. тормозо́к - der Imbiss
26. умива́тися - waschen
27. фі́рма - die Firma
28. центр - das Zentrum; центр мі́ста - das Stadtzentrum
29. чаєва́рка - Teemaschine
30. час - die Zeit; час іде́ - die Zeit läuft
31. че́рга - die Schlange

 B

Па́ша купу́є велосипе́д

Неді́льний ра́нок. Па́ша йде у ва́нну. Ва́нна кімна́та не вели́ка. Там є ва́нна, пра́льна маши́на й ва́нний сто́лик. Па́ша вмива́ється. По́тім він іде́ на ку́хню. На кухо́нному столі́ стої́ть чаєва́рка. Па́ша сні́дає. Неді́льний сніда́нок Па́ші не вели́кий. По́тім він готу́є чай за допомо́гою чаєва́рки й п'є його́. Сього́дні він хо́че піти́ в спорти́вну крамни́цю. Па́ша вихо́дить на ву́лицю. Він сіда́є на авто́бус сім.

Pascha kauft ein Fahrrad

Es ist Samstagmorgen. Pascha geht ins Bad. Das Badezimmer ist nicht groß. Dort gibt es eine Badewanne, eine Waschmaschine und einen Badezimmertisch. Pascha wäscht sich das Gesicht. Dann geht er in die Küche. Auf dem Küchentisch steht ein Teekessel. Pascha frühstückt. Paschas Frühstück ist nicht groß. Dann macht er Tee mit dem Teekessel und trinkt ihn. Er will heute in ein Sportgeschäft. Pascha geht auf die Straße. Er nimmt den Bus 7. Pascha

Поїздка на автóбусі до крамни́ці займáє небагáто чáсу.

Пáша захóдить у спорти́вну крамни́цю. Він хóче купи́ти нови́й спорти́вний велосипéд. Там є бéзліч спорти́вних бáйків. Вони́ чóрні, си́ні й зелéні. Пáші подóбаються си́ні бáйки. Він хóче купи́ти си́ній. У крамни́ці чéрга. Купівля бáйка займáє в Пáші багáто чáсу. Пóтім він вихóдить на вýлицю і ї́де на бáйку. Він ї́де в цéнтр міста. Пóтім із цéнтру міста він ї́де в міськи́й парк. Це так здóрово ї́хати на новóму спорти́вному бáйку!

Неді́льний рáнок, алé Микóла у своéму óфісі. У ньóго сьогóдні багáто робóти. В óфіс Микóли стої́ть чéрга. У чéрзі багáто студéнтів і робітникíв. Ї́м потрíбна робóта. Вони́ захóдять оди́н по óдному в óфіс Микóли. Вони́ розмовля́ють із Микóлою. Пóтім він даé адрéси фірм.

Зáраз час перéрви. Микóла готýє кáву за допомóгою кавовáрки. Він їсть свою ї́жу й п’є кáву. Зáраз у йогó офіс немáє чéрги. Микóла мóже йти додóму. Він вихóдить на вýлицю. Сьогóдні так дóбре! Микóла йде додóму. Він берé своí́х дітéй і йде в міськи́й парк. Вони́ здóрово провóдять там час.

braucht nicht lange, um mit dem Bus zum Laden zu fahren.

Pascha geht in das Sportgeschäft. Er will sich ein neues Sportfahrrad kaufen. Es gibt viele Sportfahrräder. Sie sind schwarz, blau und grün. Pascha mag blaue Fahrräder. Er will ein blaues kaufen. Im Laden ist eine Schlange. Pascha braucht lange, um das Fahrrad zu kaufen. Dann geht er auf die Straße und fährt mit dem Fahrrad. Er fährt ins Stadtzentrum. Dann fährt er vom Zentrum in den Stadtpark. Es ist so schön, mit einem neuen Sportfahrrad zu fahren!

Es ist Samstagmorgen, aber Mikola ist in seinem Büro. Er hat heute viel zu tun. Vor Mikolas Büro ist eine Schlange. In der Schlange stehen viele Studenten und Arbeiter. Sie brauchen Arbeit. Sie gehen einer nach dem anderen in Mikolas Büro. Sie sprechen mit Mikola. Dann gibt er ihnen Adressen von Firmen.

Jetzt ist Zeit für einen Imbiss. Mikola macht Kaffee mit der Kaffeemaschine. Er isst seinen Imbiss und trinkt Kaffee. Jetzt ist keine Schlange mehr vor seinem Büro. Mikola kann nach Hause gehen. Er geht auf die Straße. Es ist so ein schöner Tag! Mikola geht nach Hause. Er holt seine Kinder ab und geht in den Stadtpark. Dort haben sie eine schöne Zeit.

8

Лю́ба хо́че купи́ти нови́й DVD

Luba will eine neue DVD kaufen

A

Слова́

Vokabeln

1. більш; бі́льше - mehr
2. відеоди́ск - die DVD
3. відеокасе́та - die Videokassette
4. відеомагази́н (відеокрамни́ця) - die Videothek
5. година - die Stunde
6. два́дцять - zwanzig
7. дізна́тися - erfahren
8. до́вгий - lang
9. дру́жній, при́язний - freundlich
10. запита́ти - fragen
11. йти - weggehen
12. молоди́й - jung

13. ніж - als; Микóла стáрший ніж Лю́ба. (Микола старший за Любу / від Люби) - Mikola ist älter als Liuba.
14. п'ятнáдцять - fünfzehn
15. покáзувати - zeigen
16. прибли́зно, бли́зько - etwa
17. пригóда - das Abenteuer
18. продавéць / продавщи́ця - der Verkäufer / die Verkäuferin
19. проси́ти - bitten
20. рукá - Hand
21. сáмий (най-) - meist
22. сказáти - sagen
23. США - die USA
24. улю́блений - Lieblings
25. фíльм - der Film
26. цікáвий - interessant
27. чáшка - die Tasse
28. що - dass; Я знáю, що ця кни́га цікáва. - Ich weiß, dass dieses Buch interessant ist.
29. я́щик - die Kiste

B

Лю́ба хóче купи́ти нови́й DVD

Пáша й Áня - дíти Люби. Áня - молóдша дити́на. Ї́й п'ять рóків. Пáша на п'ятнáдцять рóків стáрший від Áні. Йомý двáдцять рóків. Áня набагáто молóдша від Пáші. Áня, Лю́ба й Пáша на кýхні. Вони́ п'ють чай. Чáшка Áні вели́ка. Чáшка Лю́би бíльша. Чáшка Пáші найбíльша.

У Лю́би багáто відеокасéт і DVD із цікáвими фíльмами. Вонá хóче купи́ти більш нови́й фíльм. Вонá йде до відеомагази́ну. Там багáто корóбок з відеокасéтами й DVD. Вонá прóсить продавця́ допомогти́ їй. Продавéць дає́

Luba will eine neue DVD kaufen

Pascha und Ania sind Lubas Kinder. Ania ist die Jüngste. Sie ist fünf. Pascha ist fünfzehn Jahre älter als Ania. Er ist zwanzig. Ania ist viel jünger als Pascha.

Ania, Luba und Pascha sind in der Küche. Sie trinken Tee. Anias Tasse ist groß. Lubas Tasse ist größer. Paschas Tasse ist am größten.

Luba hat viele Videokassetten und DVDs mit interessanten Filmen. Sie will einen neueren Film kaufen. Sie geht in eine Videothek. Dort sind viele Kisten mit Videokassetten und DVDs. Sie bittet einen Verkäufer, ihr zu helfen. Der Verkäufer

Лю́бі якісь касе́ти. Лю́ба хо́че дові́датися бі́льше про ці фі́льми, але́ продаве́ць іде́. У магази́ні є ще одна́ продавщи́ця, і вона́ більш при́язна. Вона́ запи́тує Лю́бу про її́ улю́блені фі́льми. Лю́бі подо́баються романти́чні й приго́дницькі фі́льми. Фі́льм «Тита́нік» - це її́ найулю́бленіший фі́льм. Продавщи́ця пока́зує Лю́бі касе́ту із найнові́шим голліву́дським фі́льмом «Америка́нський друг». Він про романти́чні приго́ди чолові́ка й молодо́ї жі́нки в США. Вона́ та́кож пока́зує Лю́бі DVD з фі́льмом «Фі́рма». Продавщи́ця гово́рить, що фі́льм «Фі́рма» - це оди́н із найціка́віших фі́льмів. І це та́кож оди́н із найдо́вших фі́льмів. Він трива́є бі́льш ні́ж три годи́ни. Лю́бі подо́баються фі́льми якнайдо́вші. Вона́ гово́рить, що «Тита́нік» - це найціка́віший і найдо́вший фі́льм, яки́й у не́ї є. Лю́ба купу́є DVD з фі́льмом «Фі́рма». Вона́ дя́кує продавщи́ці та йде.

gibt Luba ein paar Filme. Luba will mehr über diese Filme wissen, aber der Verkäufer geht weg. Es gibt eine andere Verkäuferin im Laden und sie ist freundlicher. Sie fragt Luba nach ihren Lieblingsfilmen. Luba mag romantische Filme und Abenteuerfilme. Der Film „Titanic“ ist ihr Lieblingsfilm. Die Verkäuferin zeigt Luba eine DVD mit dem neusten Hollywoodfilm „Der amerikanische Freund“. Er handelt von den romantischen Abenteuern eines Mannes und einer jungen Frau in den USA. Sie zeigt Luba auch eine DVD mit dem Film „Die Firma“. Die Verkäuferin sagt, dass der Film „Die Firma“ einer der interessantesten Filme ist. Und auch einer der längsten. Er dauert mehr als drei Stunden. Luba mag längere Filme. Sie sagt, dass „Titanic“ der interessanteste und der längste Film ist, den sie hat. Luba kauft die DVD mit dem Film „Die Firma“. Sie bedankt sich bei der Verkäuferin und geht.

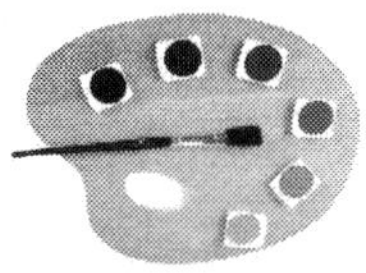

9

Крі́стіан слу́хає німе́цьку му́зику

Kristian hört deutsche Musik

A

Слова́

Vokabeln

1. А́нжела - Angela
2. бі́гти - rennen, joggen, laufen
3. бі́ля - in der Nähe
4. гурто́житок - das Studentenwohnheim
5. де́нь - der Tag
6. дзвони́ти по телефо́ну - anrufen
7. ім’я - der Name; на́зва - der Name (für Sachen); назива́ти - nennen
8. Іспа́нія - Spanien
9. капелю́х - der Hut
10. Ке́рол - Carol

11. ко́жен - jeder, jede, jedes
12. ма́сло - die Butter
13. направля́тися / йти́ - gehen
14. неспра́вний - außer Betrieb
15. пе́ред - vor
16. почина́ти - anfangen
17. прибли́зно - etwa
18. прости́й - einfach
19. роди́на, сім'я́ - die Familie
20. соро́митися - sich schämen; йому́ со́ромно - er schämt sich
21. співа́к (M), співа́чка (F) - der Sänger
22. співа́ти - singen
23. стриба́ти - springen; стрибо́к - der Sprung
24. су́кня - Kleidung
25. су́мка - die Tasche
26. телефо́н - das Telefon; телефонува́ти - telefonieren
27. тому́ що - weil
28. фра́за - der Satz
29. хвили́на - die Minute
30. хліб - das Brot

B

Крістіан слу́хає німе́цьку му́зику

Ке́рол студе́нтка. Їй два́дцять ро́ків. Ке́рол з Іспа́нії. Вона́ живе́ в студе́нтському гурто́житку. Вона́ ду́же ми́ла дівчина. Ке́рол но́сить блаки́тну су́кню. На її́ голові́ капелю́шок.

Ке́рол хо́че сього́дні подзвони́ти своі́й роди́ні. Вона́ йде на перегово́рний пу́нкт, тому́ що її́ телефо́н неспра́вний. Перегово́рний пу́нкт знахо́диться пе́ред кафе́. Ке́рол дзво́нить своі́й роди́ні. Вона́ розмовля́є зі своі́ми ма́мою й та́том. Телефо́нний дзвіно́к займа́є в неі́ прибли́зно п'ять хвили́н. По́тім вона́ дзво́нить своі́й по́друзі А́нжелі. Цей

Kristian hört deutsche Musik

Carol ist Studentin. Sie ist zwanzig. Carol kommt aus Spanien. Sie wohnt im Studentenwohnheim. Sie ist ein sehr nettes Mädchen. Carol hat ein blaues Kleid an. Auf dem Kopf hat sie einen Hut.

Carol will heute ihre Familie anrufen. Sie geht ins Callcenter, weil ihr Telefon außer Betrieb ist. Das Callcenter ist vor dem Café. Carol ruft ihre Familie an. Sie spricht mit ihrer Mutter und ihrem Vater. Der Anruf dauert etwa fünf Minuten. Dann ruft sie ihre Freundin Angela an. Dieser Anruf dauert etwa drei Minuten.

Robert mag Sport. Er geht jeden Morgen

телефо́нний дзвіно́к займа́є в не́ї приблизно три хвили́ни.

Ро́берт лю́бить спо́рт. Він бі́гає щора́нку в па́рку бі́ля гурто́житку. Сього́дні він теж бі́гає. Він та́кож стриба́є. Його́ стрибки́ ду́же до́вгі. Крі́стіан і Па́ша бі́гають і стриба́ють із Ро́бертом. Стрибки́ Па́ші до́вші. Стрибки́ Крі́стіана найдо́вші. Він стриба́є кра́ще від усі́х. По́тім Ро́берт і Крі́стіан біжа́ть у гурто́житок, а Па́ша біжи́ть додо́му.

Ро́берт сні́дає у сво́їй кімна́ті. Він бере́ хліб і ма́сло. Вінготу́є ка́ву за допомо́гою кавова́рки. По́тім він нама́щує хліб ма́слом і їсть.

Ро́берт живе́ в гурто́житку в Оде́сі. Його́ кімна́та бі́ля кімна́ти Крі́стіана. Кімна́та Ро́берта невели́ка. Вона́ чи́ста, тому́ що Ро́берт прибира́є її́ щодня́. У кімна́ті стіл, лі́жко, кі́лька стільці́в і ще тро́хи і́нших ме́блів. Зо́шити й кни́ги Ро́берта на столі́. Його́ су́мка під столо́м. Стільці́ бі́ля сто́лу. Ро́берт бере́ в ру́ку кі́лька компа́кт-ди́сків і йде до Крі́стіана, тому́ що Крі́стіан хо́че послу́хати ні́мецьку му́зику.

Крі́стіан у сво́їй кімна́ті за столо́м. Його́ кіт під столо́м. Пе́ред кото́м лежи́ть тро́хи хлі́ба. Кіт їсть хліб. Ро́берт дає́ компа́кт-ди́ски Крі́стіану. На цих компа́кт-ди́сках кра́ща німе́цька му́зика.

im Park in der Nähe des Studentenwohnheims joggen. Heute läuft er auch. Er springt auch. Er springt sehr weit. Kristian und Pascha laufen und springen mit Robert. Pascha springt weiter. Kristian springt am weitesten. Er springt am besten von allen. Dann laufen Robert und Kristian zum Studentenwohnheim und Pascha nach Hause.

Robert frühstückt in seinem Zimmer. Er holt Brot und Butter. Er macht Kaffee mit der Kaffeemaschine. Dann bestreicht er das Brot mit Butter und isst.

Robert wohnt im Studentenwohnheim in Odessa. Sein Zimmer ist in der Nähe von Kristians Zimmer. Roberts Zimmer ist nicht groß. Es ist sauber, weil Robert es jeden Tag sauber macht. In seinem Zimmer stehen ein Tisch, ein Bett, ein paar Stühle und ein paar andere Möbel. Roberts Bücher und Notizbücher liegen auf dem Tisch. Seine Tasche ist unter dem Tisch. Die Stühle stehen am Tisch. Robert nimmt ein paar CDs in die Hand und geht zu Kristians Zimmer, weil Kristian deutsche Musik hören will.

Kristian sitzt in seinem Zimmer am Tisch. Seine Katze ist unter dem Tisch. Vor der Katze liegt etwas Brot. Die Katze isst das Brot. Robert gibt Kristian die CDs. Auf den CDs ist die beste deutsche Musik.

Крі́стіан та́кож хо́че дові́датися імена́ німе́цьких співакі́в. Ро́берт назива́є свої́х улю́блених співакі́в. Він назива́є Блю́мхен, Не́ну й Са́ндру. Ці імена́ нові́ для Крі́стіана. Він слу́хає компа́кт-ди́ски й по́тім почина́є наспі́вувати німе́цькі пі́сні! Йому́ ду́же подо́баються ці пі́сні. Крі́стіан про́сить Ро́берта написа́ти слова́ пісе́нь. Ро́берт пи́ше слова́ кра́щих німе́цьких пісе́нь для Крі́стіана. Крі́стіан гово́рить, що він хо́че ви́вчити слова́ де́яких німе́цьких пісе́нь і про́сить Ро́берта допомогти́. Ро́берт допомага́є Крі́стіану вчи́ти німе́цькі слова́. Це займа́є бага́то ча́су, тому́ що Ро́берт не вмі́є до́бре говори́ти украї́нською мо́вою. Ро́берту со́ромно. Він не мо́же сказа́ти де́які прості́ фра́зи! По́тім Ро́берт іде́ у свою́ кімна́ту й у́чить украї́нську мо́ву.

Kristian will auch die Namen der deutschen Sänger wissen. Robert nennt seine Lieblingssänger. Er nennt Blümchen, Nena and Sandra. Diese Namen sind Kristian neu. Er hört die CDs an und beginnt dann, die deutschen Lieder zu singen! Ihm gefallen die Lieder sehr. Kristian bittet Robert, den Text der Lieder aufzuschreiben. Robert schreibt die Texte der besten deutschen Lieder für Kristian auf. Kristian sagt, dass er die Texte von ein paar Liedern lernen will, und bittet Robert um Hilfe. Robert hilft Kristian, die deutschen Texte zu lernen. Es dauert sehr lange, weil Robert nicht gut Ukrainisch spricht. Robert schämt sich. Er kann nicht mal ein paar einfache Sätze sagen! Dann geht Robert in sein Zimmer und lernt Ukrainisch.

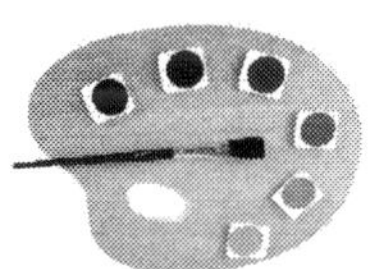

10

Крíстіан купýє підрýчники з дизáйну

Kristian kauft Fachbücher über Design

A

Словá

Vokabeln

1. бáчити - sehen
2. вибирáти - wählen, aussuchen
3. грúвня - Hrywnja (ukrainisches Geld)
4. дивúтися - schauen, betrachten
5. дизáйн - das Design
6. дíйсно, спрáвді - wirklich
7. до побáчення / бувáй - tschüss
8. (за)платúти - zahlen
9. здрáстуйте, добрúдень - hallo
10. йогó - ihn (Akkusativ), sein(e) (Possessivpronomen); Я знáю йогó. - Ich kenne ihn. Це йогó кнúга. - Das ist sein Buch.
11. йомý - ihm
12. їй - ihr (Dativ); Я хочý подарувáти їй ці квíти. - Ich möchte ihr diese Blumen schenken.
13. її́ - sie (Akkusativ), ihr(e) (Possessivpronomen); Я знáю її́. -

Ich kenne sie. Це її́ кни́га. - Das ist ihr Buch.

14. їм - ihnen (Dativ)
15. італі́йський - Italienische
16. їх - sie (Akkusativ), ihr(e) (Possessivpronomen); Я зна́ю їх. - Ich kenne sie. Це ї́хні кни́ги. - Das sind ihre Bücher.
17. карти́н(к)а, зобра́ження - das Foto, das Bild
18. ко́штувати - kosten
19. мо́ва - die Sprache
20. найбли́жчий - der nechste, in der Nähe
21. отри́мувати - bekommen, kriegen, erhalten
22. підру́чник - das Fachbuch
23. пoя́снювати / поясни́ти - erklären; Ви мо́жете поясни́ти це? - Können Sie das erklären?
24. прекра́сний - schön
25. програ́ма - das Programm
26. рід - die Art
27. рі́дна мо́ва - die Muttersprache
28. субо́та - Samstag
29. ті́льки, лише́ - nur
30. університе́т - die Universität
31. уро́к - die Unterrichtsstunde, die Aufgabe
32. учи́ти(-ся), навча́тися - studieren, lernen

B

Крі́стіан купу́є підру́чник з диза́йну

Крі́стіан норве́жець і норве́зька його́ рі́дна мо́ва. Він вивча́є диза́йн в університе́ті в Оде́сі.

Сього́дні субо́та й у Крі́стіана бага́то ві́льного ча́су. Він хо́че купи́ти кі́лька книг. Він іде́ до найбли́жчої книга́рні. У них мо́жуть бу́ти підру́чники з диза́йну. Він захо́дить у крамни́цю і ди́виться на столи́ з кни́гами. До Крі́стіана підхо́дить

Kristian kauft Fachbücher über Design

Kristian ist Norwege und seine Muttersprache ist Norwegisch. Er studiert Design an der Universität in Odessa.

Heute ist Samstag und Kristian hat viel Freizeit. Er will ein paar Bücher über Design kaufen. Er geht zum Buchladen in der Nähe. Der könnte Fachbücher über Design haben. Er kommt in den Laden und betrachtet den Tisch mit

жі́нка. Вона́ - продавщи́ця.

«Здра́стуйте. Я мо́жу Вам допомогти́?» - запи́тує продавщи́ця.

«Здра́стуйте, - гово́рить Крі́стіан. - Я вивча́ю диза́йн в університе́ті. Мені́ потрі́бно кі́лька підру́чників. У вас є які-не́будь підру́чники з диза́йну?» - запи́тує її́ Крі́стіан.

«Яко́го ро́ду диза́йн? У нас є підру́чники з ме́блевого диза́йну, автомобі́льного диза́йну, спорти́вного диза́йну, з диза́йну для Інтерне́ту», - поя́снює вона́ йому́.

«Ви б не могли́ показа́ти підру́чники з ме́блевого диза́йну та диза́йну для Інтерне́ту?» - гово́рить їй Крі́стіан.

«Ви мо́жете ви́брати кни́ги з найбли́жчого сто́лу. Погля́ньте на них. Це кни́га італі́йського ме́блевого диза́йнера Палаті́но. Цей диза́йнер поя́снює диза́йн італі́йських ме́блів. Він та́кож поя́снює ме́блевий диза́йн Євро́пи й США. Тут є та́кож га́рні зобра́ження», - поя́снює продавщи́ця.

«Я ба́чу, в кни́зі є та́кож кі́лька уро́ків. Ця кни́га ді́йсно га́рна. Скі́льки вона́ ко́штує?» - запи́тує її́ Крі́стіан.

«Вона́ ко́штує 200 гри́вень. І Ви та́кож оде́ржуєте з кни́гою компа́кт-диск. На компа́кт-ди́ску комп'ю́терна програ́ма для диза́йну ме́блів», - гово́рить йому́

Büchern. Eine Frau kommt zu Kristian. Sie ist eine Verkäuferin.

„Hallo, kann ich Ihnen helfen?“, fragt ihn die Verkäuferin.

„Hallo“, sagt Kristian. „Ich studiere Design an der Universität. Ich brauche ein paar Fachbücher. Haben Sie irgendwelche Fachbücher über Design?“, fragt Kristian sie.

„Welche Art von Design? Wir haben Fachbücher über Möbeldesign, Autodesign, Sportdesign oder Internetdesign“, erklärt sie ihm.

„Können Sie mir Fachbücher über Möbeldesign und Internetdesign zeigen?“, fragt Kristian sie.

„Sie können sich Bücher von den nächsten Tischen aussuchen. Schauen Sie sie sich an. Dies ist ein Buch von dem italienischen Möbeldesigner Palatino. Dieser Designer erklärt das Design italienischer Möbel. Er erklärt auch europäisches und amerikanisches Möbeldesign. In dem Buch sind einige gute Bilder“, erklärt die Verkäuferin.

„Ich sehe, dass das Buch auch Aufgaben enthält. Dieses Buch ist wirklich gut. Wie viel kostet es?“, fragt Kristian sie.

„Es kostet 200 Hrywnja. Und mit dem Buch kommt eine CD. Auf der CD ist ein

продавщи́ця.

«Вона́ мені́ ді́йсно подо́бається», - гово́рить Крі́стіан.

«Тут Ви мо́жете подиви́тися підру́чники з диза́йну для Інтерне́ту, - пояснює йому́ жі́нка. - Ця кни́га про комп'ютерну програ́му „Ма́йкрософт О́фіс". А ці кни́ги про комп'ютерну програ́му „Флеш". Гля́ньте на цю черво́ну кни́гу. Вона́ про „Флеш" і тут є кі́лька ціка́вих уро́ків. Вибира́йте, будь ла́ска».

«Скі́льки ко́шту́є ця черво́на кни́га?» - запи́тує її Крі́стіан.

«Ця кни́га з двома́ компа́кт-ди́сками ко́штує лише́ 180 гри́вень», - гово́рить йому́ продавщи́ця.

«Я хо́чу купи́ти кни́гу Палаті́но про ме́блевий диза́йн і цю черво́ну кни́гу про «Флеш». Скі́льки я пови́нен заплати́ти за них?» - запи́тує Крі́стіан.

«За ці дві кни́ги Ви пови́нні заплати́ти 380 гри́вень», - гово́рить йому́ продавщи́ця.

Крі́стіан пла́тить. По́тім він бере́ кни́ги й компа́кт-ди́ски.

«До поба́чення», - гово́рить йому́ продавщи́ця.

«До поба́чення», - гово́рить їй Крі́стіан і вихо́дить на ву́лицю.

Computerprogramm für Möbeldesign", sagt die Verkäuferin.

„Das gefällt mir wirklich", sagt Kristian.

„Dort können Sie sich ein paar Fachbücher über Internetdesign anschauen", erklärt ihm die Frau. „Dieses Buch ist über das Computerprogramm Microsoft Office. Und diese Bücher sind über das Computerprogramm Flash. Schauen Sie sich dieses rote Buch an. Es ist über Flash und es enthält einige interessante Lektionen. Suchen Sie sich eins aus."

„Wie viel kostet das rote Buch?", fragt Kristian sie.

„Dieses Buch mit zwei CDs kostet nur 180 Hrywnja", sagt die Verkäuferin.

„Ich möchte das Buch von Palatino über Möbeldesign und das rote Buch über Flash kaufen. Wie viel muss ich dafür zahlen?", fragt Kristian.

„Sie müssen 380 Hrywnja für diese zwei Bücher zahlen", sagt die Verkäuferin.

Kristian zahlt. Dann nimmt er die Bücher und die CDs.

„Tschüss", sagt die Verkäuferin zu ihm.

„Tschüss", sagt Kristian und geht.

11

Ро́берт хо́че зароби́ти тро́хи гро́шей (части́на 1)

Robert will ein bisschen Geld verdienen (Teil 1)

Слова́

Vokabeln

1. важки́й - schwer
2. ванта́жити - beladen, ванта́жник - der Verlader, вантажі́вка - der Lastwagen
3. ві́дділ ка́дрів - die Personalabteilung
4. ві́дповідь - die Antwort, відповіда́ти - antworten, erwidern
5. годи́на - die Stunde; щогоди́ни - stündlich; годи́на, годи́нник - Uhr; Дві годи́ни. - Es ist zwei Uhr.
6. да́лі бу́де - Fortsetzung folgt
7. день - der Tag

8. до́бре - gut, alles klar
9. ене́ргія - die Energie
10. за - pro; Я заробля́ю 50 гри́вень за годи́ну. - Ich verdiene 50 Hrywnja pro Stunde.
11. запи́ска - die Notiz
12. заробля́ти - verdienen
13. звича́йний - normal; звича́йно / зазвича́й - normalerweise
14. кері́вни́к / кері́вни́ця - der Leiter / die Leiterin
15. кіне́ць - das Ende; закі́нчити - beenden
16. кра́ще - besser
17. но́мер - die Nummer
18. оскі́льки / тому що - weil, denn, da
19. пі́сля - nach
20. розумі́ти - verstehen
21. спи́сок - die Liste
22. тра́нспорт - der Transport
23. части́на - der Teil
24. чому́ - warum
25. шви́дко - schnell, швидки́й - schnelle(r)
26. ще оди́н - noch einen
27. щоде́нно / щодня́ - täglich, jeden Tag
28. я́щик - die Kiste

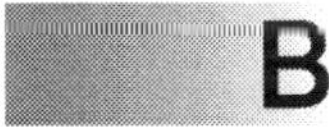

B

Ро́берт хо́че зароби́ти тро́хи гро́шей (части́на 1)

У Ро́берта є ві́льний час щодня́ пі́сля університе́ту. Він хо́че зароби́ти тро́хи гро́шей. Він іде́ в аге́нтство з працевлаштува́ння. Йому́ даю́ть адре́су тра́нспортної фі́рми. Тра́нспортній фі́рмі «Рапі́д» потрі́бен вантáжник. Ця робо́та спра́вді важка́. Але́ вони́ пла́тять 60 гри́вень за годи́ну. Ро́берт хо́че отри́мати цю робо́ту. Тому́ він іде́ в о́фіс тра́нспортної фі́рми.

«Добри́день. У ме́не є для Вас запи́ска від аге́нтства з працевлаштува́ння», -

Robert will ein bisschen Geld verdienen (Teil 1)

Robert hat jeden Tag nach der Universität freie Zeit. Er will ein bisschen Geld verdienen. Er geht in eine Arbeitsvermittlung. Sie geben ihm die Adresse einer Transportfirma. Die Transportfirma Rapid braucht einen Verlader. Diese Arbeit ist wirklich schwer. Aber sie bezahlen 60 Hrywnja pro Stunde. Robert will den Job annehmen. Also geht er zum Büro der Transportfirma.

„Hallo. Ich habe eine Notiz für Sie von

гово́рить Ро́берт жі́нці у ві́дділі ка́дрів ціє́ї фі́рми. Він дає́ їй запи́ску.

«Добри́день, - говори́ть жі́нка. - Мене́ зва́ти Світла́на Ве́ліна. Я керівни́к ві́дділу ка́дрів. Як Ва́ше ім'я?»

«Мене́ зву́ть Ро́берт Ге́ншер», - гово́рить Ро́берт.

«Ви не украї́нець?» - пита́є Світла́на.

«Ні. Я ні́мець», - відповіда́є Ро́берт.

«Чи мо́жете Ви до́бре говори́ти й чита́ти украї́нською?» - пита́є вона́.

«Так», - гово́рить він.

«Ро́берте, скі́льки тобі́ ро́ків?» - питає вона́.

«Мені́ два́дцять ро́ків», - відповіда́є Ро́берт.

«Ти хо́чеш працюва́ти в тра́нспортній фі́рмі вантá́жником. Чому́ вантá́жником?» - пита́є його́ керівни́к ві́дділу ка́дрів.

Ро́берту со́ромно сказа́ти, що він не мо́же отри́мати кра́щу робо́ту, тому́ що не гово́рить украї́нською мо́вою до́бре. Тому́ він ка́же: «Я хо́чу заробля́ти 60 гри́вень за годи́ну».

«Так-так, - гово́рить Світла́на. - На на́шій тра́нспортній фі́рмі зазвича́й небага́то вантá́жної робо́ти. Одна́к за́раз нам ді́йсно потрі́бен ще оди́н вантá́жник. Чи мо́жеш ти шви́дко вантá́жити я́щики з

einer Arbeitsvermittlung", sagt Robert zu einer Frau in der Personalabteilung der Firma. Er gibt ihr die Notiz.

„Hallo", sagt die Frau. „Ich bin Swetlana Welina. Ich bin die Leiterin der Personalabteilung. Wie heißen Sie?"

„Ich heiße Robert Genscher", sagt Robert.

„Sind Sie Ukrainer?", fragt Swetlana.

„Nein, ich bin Deutscher", antwortet Robert.

„Können Sie gut Ukrainisch sprechen und schreiben?", fragt sie.

„Ja", sagt er.

„Wie alt sind Sie?", fragt sie.

„Ich bin zwanzig", antwortet Robert.

„ Sie wollen in der Transportfirma als Verlader arbeiten. Warum denn ausgerechnet als Verlader?", fragt ihn die Leiterin der Personalabteilung.

Robert schämt sich, zu sagen, dass er keine bessere Arbeit haben kann, weil er nicht gut Ukrainisch spricht. Deswegen sagt er: „Ich möchte 60 Hrywnja pro Stunde verdienen."

„Na gut", sagt Swetlana. „Normalerweise hat unsere Transportfirma nicht viel Verladearbeit. Aber gerade brauchen wir wirklich noch einen Verlader. Können Sie schnell Kisten mit 20 Kilogramm Ladung verladen?"

20 кілогра́мами вантажу́?»

«Так. У ме́не бага́то ене́ргії», - відповіда́є Ро́берт.

«Нам потрі́бенванта́жник щодня́ на три годи́ни. Чи мо́жеш ти працюва́ти з четве́ртої до сьо́мої годи́ни?» - запи́тує вона́.

«Так, мої́ заня́ття закі́нчуються о пе́ршій», - відповіда́є їй студе́нт.

«Коли́ ти мо́жеш поча́ти робо́ту?» - запи́тує його́ керівни́к ві́дділу ка́дрів.

«Я мо́жу поча́ти за́раз», - відповіда́є Ро́берт.

«Ну що ж. Подиви́ся на цей наванта́жний спи́сок. У спи́ску на́зви де́кількох фірм і крамни́ць, - поя́снює Світла́на, - ко́жна фі́рма й крамни́ця ма́ють кі́лька номері́в. Це - номері́ я́щиків. А це номері́ вантажі́вок, куди́ ти пови́нен заванта́жити ці я́щики. Вантажі́вки приї́жджа́ють і ї́дуть щогоди́ни. Тому́ тобі́ тре́ба працюва́ти шви́дко. Зрозумі́ло?»

«Зрозумі́ло», - відповіда́є Ро́берт, не ду́же до́бре розумі́ючи Світла́ну.

«Тепе́р бери́ цей ванта́жний ли́ст і йди до ванта́жних двере́й но́мер три», - гово́рить Ро́берту керівни́к ві́дділу ка́дрів. Ро́берт бере́ ванта́жний ли́ст і йде працюва́ти.

(да́лі бу́де)

„Ja, das kann ich. Ich habe viel Energie", antwortet Robert.

„Wir brauchen einen Verlader für drei Stunden täglich. Können Sie von vier bis sieben Uhr arbeiten?", fragt sie.

„Ja, mein Unterricht endet um ein Uhr", antwortet der Student.

„Wann können Sie anfangen, zu arbeiten?", fragt ihn die Leiterin der Personalabteilung.

„Ich kann jetzt anfangen", erwidert Robert.

„Gut. Schauen Sie sich diese Ladeliste an. Dort stehen Namen von Firmen und Läden", erklärt Swetlana. „Bei jeder Firma und jedem Laden stehen ein paar Nummern. Das sind die Nummern der Kisten. Und das sind die Nummern der Lastwägen, auf die Sie die Kisten laden müssen. Die Lastwägen kommen und gehen stündlich. Sie müssen also schnell arbeiten. Alles klar?"

„Alles klar", antwortet Robert, ohne Swetlana richtig zu verstehen.

„Nehmen Sie jetzt diese Ladeliste und gehen Sie zur Ladetür Nummer drei", sagt die Leiterin der Personalabteilung zu Robert. Robert nimmt die Ladeliste und geht arbeiten.

(Fortsetzung folgt)

12

Ро́берт хо́че зароби́ти тро́хи гро́шей (частина 2)

Robert will ein bisschen Geld verdienen (Teil 2)

A

Слова́

Vokabeln

1. води́ти - fahren, воді́й - der Fahrer
2. встава́ти - aufstehen; Встава́й! - Steh auf!
3. гара́зд, до́бре - gut, alles klar
4. дохі́д, прибу́ток - das Einkommen
5. ж, же - doch, ja, aber; Візьмі́ть же цю кни́гу. - Nehmen Sie doch dieses Buch.
6. жалкува́ти - leid tun; Я жалку́ю. - Es tut mir leid.

7. жаль, шкóда (+Dative) - leid tun; Менí шкóда. - Es tut mir leid.
8. зáмість - anstelle von; зáмість тéбе - an deiner Stelle
9. знайóмитися - kennenlernen; Рáдий(а) з Вáми познайóмитися. - Ich bin froh Sie kennenzulernen.
10. зустрічáти(ся) - treffen, kennenlernen
11. йти / ітú- gehen
12. їх - ihr
13. мáма - Mama, die Mutter
14. назáд - zurück
15. ненáвидіти - hassen
16. непрáвильно - falsch; виправля́ти - korrigieren
17. пан - Herr; пан Іванóв - Hr. Iwanow
18. повертáтися - zurückkommen
19. погáний - schlecht
20. понедíлок - Montag
21. порá, час - es ist an die Zeit, es ist soweit
22. прáвильний - richtig(er); прáвильно - richtig
23. привóзити - bringen; привóзячи - bringend
24. причúна - der Grund
25. рáдий - froh
26. син - der Sohn
27. твíй - dein (Possessiv), ваш - euer, Ваш - Ihr
28. тут - hier (Ort), сюдú - hierher (Richtung), ось / от - hier ist / sind
29. учúтель / вчúтель- der Lehrer

B

Рóберт хóче заробúти трóхи грóшей (частúна 2)

Біля вантáжних дверéй нóмер три - багáто вантажíвок. Вонú повертáються, привóзячи назáд своí вантажí. Керівнúк відділу кáдрів і керівнúк фíрми прихóдять тудú. Вонú підхóдять до Рóберта. Рóберт вантáжить я́щики у вантажíвку. Він працює швúдко.

Robert will ein bisschen Geld verdienen (Teil 2)

An der Ladetür Nummer 3 stehen viele Lastwagen. Sie kommen mit ihrer Ladung zurück. Die Leiterin der Personalabteilung und der Firmenchef kommen dorthin. Sie gehen zu Robert. Robert lädt Kisten in einen Lastwagen. Er arbeitet schnell.

„Hey, Robert! Komm bitte hierher“, ruft

«Ей, Рóберте! Підійдú сюди, будь лáска, - гукáє йогó Світлáна. - Це керівнúк фірми пан Дохóд».

«Рáдий з Вáми познайóмитися», - кáже Рóберт, підхóдячи до них.

«Я теж, - відповідáє пан Дохóд. - Де твій вантáжний спúсок?»

«Ось він», - Рóберт дає йомý вантáжний спúсок.

«Так-так, - кáже пан Дохóд, дúвлячись у спúсок, - подивúся на ці вантажівки. Вонú вертáються, привóзячи назáд свої́ вантажі, томý що ти вантáжиш я́щики непрáвильно. Я́щики з кнúгами і́дуть у мéблеву крамнúцю зáмість книгáрні, я́щики з відеокасéтами й DVD і́дуть у кафé зáмість відеокрамниці, а корóбки з бутербрóдами і́дуть у відеокрамницю зáмість кафé! Це погáна робóта! » « Мені шкóда, алé ти не мóжеш працювáти на нáшій фірмі», - кáже пан Дохóд і йде назáд в óфіс.

Рóберт не мóже вантáжити я́щики прáвильно, томý що він мóже прочитáти й зрозуміти дýже мáло украї́нських слів. Світлáна дúвиться на ньóго. Рóберту сóромно.

«Рóберте, ти мóжеш вúвчити украї́нську мóву крáще й пóтім прийтú знóву. Дóбре?» - кáже Світлáна.

Swetlana. „Das ist der Chef der Firma, Hr. Dochod."

„Es freut mich, Sie kennenzulernen", sagt Robert auf sie zugehend.

„Mich auch", antwortet Hr. Dochod. „Wo ist Ihre Ladeliste?"

„Hier ist sie", Robert gibt ihm die Ladeliste.

„Na gut", sagt Hr. Dochod, während er auf die Liste schaut. „Sehen Sie diese Lastwagen an. Sie bringen ihre Fracht zurück, weil Sie die Kisten falsch verladen haben. Die Kisten mit Büchern werden zu einem Möbelladen gebracht anstelle von einem Buchladen, die Kisten mit Videos und DVDs zu einem Café anstelle von einer Videothek und die Kisten mit Sandwiches zu einer Videothek anstelle von einem Café! Das ist schlechte Arbeit! Es tut mir leid, aber Sie können nicht in unserer Firma arbeiten", sagt Herr Dochod und geht zurück in sein Büro.

Robert kann die Kisten nicht richtig verladen, weil er nur sehr wenig Ukrainisch lesen und verstehen kann. Swetlana schaut ihn an. Robert schämt sich.

„Robert, du kannst dein Ukrainisch verbessern und dann wiederkommen, ok?", sagt Swetlana.

«До́бре, - відповіда́є Ро́берт. - До побачення, Світла́но».

«До поба́чення, Ро́берте», - відповіда́є Світла́на.

Ро́берт іде́ додо́му. Він тепе́р хо́че ви́вчити украї́нську мо́ву кра́ще й по́тім отри́мати нову́ робо́ту.

„Ok", antwortet Robert. „Tschüss Swetlana".

„Tschüss Robert", antwortet Swetlana.

Robert geht nach Hause. Er will jetzt sein Ukrainisch verbessern und sich dann eine neue Arbeit suchen.

Наста́в час іти́ в університе́т

У понеді́лок вра́нці ма́ма захо́дить у кімна́ту розбуди́ти сво́го си́на.

«Встава́й, сьо́ма годи́на. Наста́в час іти́ в університе́т!»

«Але́ чому́, ма́мо? Я не хо́чу йти».

«Назви́ мені́ дві причи́ни, чому́ ти не хо́чеш іти́», - ка́же ма́ма си́нові.

«Студе́нти нена́видять мене́ - раз, і вчителі́ нена́видять мене́ теж!»

«Ах, це не причи́ни не йти в університе́т. Встава́й!»

«Гара́зд. Назви́ мені́ дві причи́ни, чому́ я пови́нен іти́ в університе́т», - ка́же він своїй ма́мі.

«Ну, по-пе́рше, тобі́ 55 ро́ків. А по-дру́ге, ти керівни́к університе́ту! Встава́й за́раз же!»

Es ist an der Zeit, in die Uni zu gehen

An einem Montagmorgen kommt eine Mutter ins Zimmer, um ihren Sohn aufzuwecken.

„Steh auf, es ist sieben Uhr. Es ist an der Zeit, in die Uni zu gehen!"

„Aber warum, Mama? Ich will nicht gehen."

„Nenne mir zwei Gründe, warum du nicht gehen willst", sagt die Mutter zu ihrem Sohn.

„Die Studenten hassen mich und die Lehrer auch!"

„Oh, das sind keine Gründe, um nicht in die Uni zu gehen. Steh auf!"

„Ok. Nenn mir zwei Gründe, warum ich in die Uni muss", sagt er zu seiner Mutter.

„Gut, einerseits, weil du 55 Jahre alt bist. Und andererseits, weil du der Direktor der Universität bist! Steh jetzt auf!"

Fortgeschrittene
Anfänger Stufe A2

13

На́зва готе́лю

Der Name des Hotels

Слова́

1. ба́чити - sehen
2. буді́вля - das Gebäude
3. ве́чір - der Abend
4. вже, уже́ - schon
5. відкрива́ти, відчиня́ти - öffnen
6. вниз - nach unten
7. воді́й таксі́ - der Taxifahrer
8. вто́млений - müde
9. геть - weg
10. дивува́ти - überraschen
11. дурни́й - dumm
12. (з)нахо́дити - finden
13. з, із, від - von, aus
14. здиво́ваний - überrascht, verwundert
15. здивува́ння - die Überraschung
16. зно́ву - wieder
17. зупиня́ти(ся) - anhalten
18. йти / іти́ - gehen

19. інший - ein anderer, eine andere, ein anderes
20. Ка́спер - Kasper (Name)
21. кра́щий - beste
22. ліфт - der Aufzug
23. міст - die Brücke
24. навко́ло - rund
25. над - über
26. назо́вні - nach draussen
27. Німе́ччина - der Deutschland
28. ніч - die Nacht
29. о́зеро - der See
30. пі́шки - zu Fuß
31. повз, ми́мо - vorbei
32. пока́зувати - zeigen
33. посміха́тися - lächeln
34. по́смішка - das Lächeln
35. по́тім - dann
36. рекла́ма - die Werbung
37. серди́тий - wütend
38. спа́ти - schlafen
39. стоя́ти - stehen
40. ступня́ - der Fuß
41. таксі́ - das Taxi
42. тепе́р, ни́ні, са́ме - jetzt, zurzeit, gerade
43. Форд - Ford
44. че́рез - hindurch
45. шлях - der Weg

На́зва готе́лю

Це студе́нт. Його́ зва́ти Ка́спер. Ка́спер з По́льщі. Він не вміє говори́ти по-украї́нськи. Він хо́че вчи́ти украї́нську мову в університе́ті в Украї́ні. За́раз Ка́спер живе́ в готе́лі в Оде́сі.

Він за́раз у своїй кімна́ті. Він ди́виться на ка́рту. Це ду́же га́рна ка́рта. Ка́спер ба́чить на ка́рті ву́лиці, пло́щі й крамни́ці. Він вихо́дить із кімна́ти і йде по коридо́ру до лі́фта. Ліфт опуска́є його́ вниз. Ка́спер прохо́дить че́рез вели́кий хол і вихо́дить із готе́лю. Він

Der Name des Hotels

Das ist ein Student. Er heißt Kasper. Kasper kommt aus Polen. Er spricht kein Ukrainisch. Er will an einer Universität in der Ukraine Ukrainisch lernen. Kasper wohnt zurzeit in einem Hotel in Odessa.

Gerade ist er in seinem Zimmer. Er schaut auf die Karte. Diese Karte ist sehr gut. Kasper sieht Straßen, Plätze und Läden auf der Karte. Er geht aus dem Zimmer und durch den langen Gang zum Aufzug. Der Aufzug bringt ihn nach unten. Kasper geht durch die große Halle und aus dem Hotel.

зупиня́ється бі́ля готе́лю й запи́сує на́зву готе́лю у свою́ записну́ кни́жку.

Бі́ля готе́лю знахо́диться кру́гла пло́ща й о́зеро. Ка́спер іде́ че́рез пло́щу до о́зера. Він іде́ навко́ло о́зера до мо́сту. Бага́то легкови́х автомобі́лів, вантажі́вок і пішохо́дів іду́ть че́рез міст. Ка́спер прохо́дить під місто́м. По́тім він іде́ по ву́лиці до це́нтру мі́ста. Він прохо́дить повз га́рні буди́нки.

Вже́ ве́чір. Ка́спер втоми́вся. Він хо́че йти наза́д до готе́лю. Він зупиня́є таксі́, по́тім відкрива́є свій блокно́т і пока́зує на́зву готе́лю таксисту. Такси́ст ди́виться в блокно́т, посміха́ється та від'їжджа́є. Ка́спер не мо́же цьо́го зрозумі́ти. Він стої́ть і ди́виться у свій блокно́т. По́тім він зупиня́є і́нше таксі́ та зно́ву пока́зує такси́сту на́зву готе́лю. Такси́ст ди́виться в блокно́т. По́тім він ди́виться на Ка́спера, посміха́ється й теж від'їжджа́є. Ка́спер диву́ється. Він зупиня́є і́нше таксі́. Але́ це таксі́ теж ї́де геть. Ка́спер нічо́го не мо́же зрозумі́ти. Він здиво́ваний і розлю́чений. Але́ він не дурни́й. Він відкрива́є свою́ ка́рту та знахо́дить шлях до готе́лю. Він прихо́дить наза́д в готе́ль пі́шки.

Ніч. Ка́спер у своє́му лі́жку. Він спить. В кімна́ту че́рез вікно́ ди́вляться зо́рі.

Er hält in der Nähe des Hotels an und schreibt den Namen des Hotels in sein Notizbuch.

Beim Hotel gibt es einen runden Platz und einen See. Kasper geht über den Platz zum See. Er geht um den See zur Brücke. Viele Autos, Lastwägen und Menschen überqueren die Brücke. Kasper geht unter der Brücke hindurch. Dann geht er eine Straße entlang zum Stadtzentrum. Er geht an vielen schönen Gebäuden vorbei.

Es ist schon Abend. Kasper ist müde und will zurück ins Hotel gehen. Er hält ein Taxi an, öffnet dann sein Notizbuch und zeigt dem Taxifahrer den Namen des Hotels. Der Taxifahrer schaut in das Notizbuch, lächelt und fährt weg. Kasper versteht nichts. Er steht da und schaut in sein Notizbuch. Dann hält er ein anderes Taxi an und zeigt dem Taxifahrer wieder den Namen des Hotels. Der Fahrer schaut in das Notizbuch. Dann schaut er Kasper an, lächelt und fährt auch weg. Kasper ist verwundert. Er hält ein anderes Taxi an. Aber auch dieser Taxifahrer fährt weg. Kasper kann das nicht verstehen. Er ist verwundert und wütend. Aber er ist nicht dumm. Er öffnet seine Karte und findet den Weg zum Hotel. Er kehrt zu Fuß zum Hotel zurück.

Es ist Nacht. Kasper ist in seinem Bett. Er schläft. Die Sterne schauen durch das

Блокно́т на столі́. Він відкри́тий. «Форд - найкра́щий автомобі́ль». Це не на́зва готе́лю. Це рекла́ма на будівлі готе́лю.

Fenster ins Zimmer. Das Notizbuch liegt auf dem Tisch. Es ist offen. „Ford ist das beste Auto“. Das ist nicht der Name des Hotels. Das ist Werbung am Hotelgebäude.

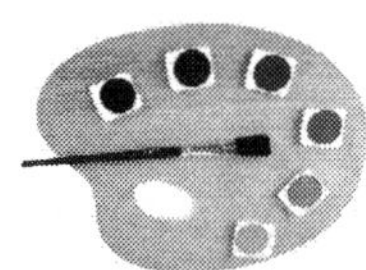

14

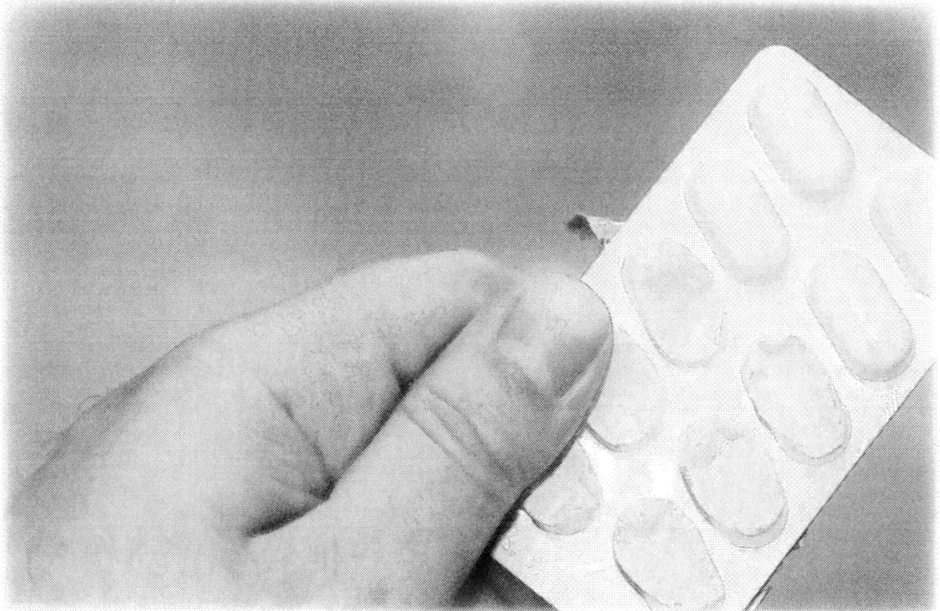

Аспіри́н

Aspirin

Слова́

1. апте́ка - die Apotheke
2. а́ркуш - das Blatt
3. аспіри́н - das Aspirin
4. бі́лий - weiß
5. годи́нник - die Uhr
6. гурто́житок - das Studentenwohnheim
7. де́сять - zehn
8. дивови́жний, чудо́вий - wunderbar
9. ду́мати, міркува́ти, гадати - denken
10. зада́ча - die Aufgabe
11. звича́йно, авже́ж, зрозумі́ло - natürlich
12. кі́лька/де́кілька, небага́то - einige
13. кла́сна кімна́та - das Klassenzimmer
14. криста́л - das Kristall
15. мину́лий - vorige, letzte

16. намагáтися - versuchen
17. нарéшті - schließlich
18. о - um, о пéршій годи́ні - um eins
19. отри́мати - (etwas) erhalten
20. папíр - das Papier
21. перéрва - die Pause
22. письмóвий стіл - der Schreibtisch
23. пів на дев'яту - halb neun
24. пíсля - nach
25. полови́на - halb
26. прóбувати - versuchen
27. прóтягом - im Verlauf, während
28. розýмний, кмітли́вий, метикóваний - intelligent
29. сідáти - sich hinsetzen
30. сíрий - grau
31. склáсти íспит - eine Prüfung bestehen
32. смердю́чий - stinkend
33. таблéтка, пігýлка - die Tablette
34. тест - die Prüfung
35. тестувáти - prüfen
36. томý - deshalb
37. тривáти - dauern
38. хімíчний - chemisch; хімікáти - die Chemikalien
39. хíмія - die Chemie
40. хлóпець, пáрубок - der Junge
41. чáсто - oft
42. чéрез, за - in; за дві годи́ни - in zwei Stunden
43. що - dass; Я знáю, що вонá украї́нка. - Ich weiss, dass sie ist Ukrainerin.
44. щось, дéщо - etwas

Аспіри́н

Це друг Рóберта. Йогó звуть Крíстіан. Крíстіан з Норвéгії. Норвéзька мóва - йогó рíдна. Він мóже говори́ти по-украї́нськи тéж дýже дóбре. Крíстіан живé в гуртóжитку. Крíстіан зáраз у своЇ́й кімнáті. У Крíстіана сьогóдні тест із хíмії. Він ди́виться на свій годи́нник. Вóсьма годи́на. Настáв час ітú. Крíстіан вихóдить на вýлицю. Він ідé в університéт. Університéт бíля

Aspirin

Das ist ein Freund von Robert. Er heißt Kristian. Kristian kommt aus Norwegen. Seine Muttersprache ist Norwegisch. Er spricht auch sehr gut Ukrainisch. Kristian wohnt im Studentenwohnheim. Kristian ist gerade in seinem Zimmer. Kristian hat heute eine Prüfung in Chemie. Er schaut auf die Uhr. Es ist acht Uhr. Es ist an der Zeit, zu gehen.

Kristian geht nach draußen. Er geht zur Universität. Die Uni ist in der Nähe des

гуртóжитку. Дорóга до університéту займáє у ньóго дéсять хвили́н. Крíстіан підхóдить до кабінéту хімії. Він відчиняє двéрі й заглядáє в кабінéт. Там кíлька студéнтів і виклáдáч. Крíстіан захóдить у кабінéт.

«Здрáстуйте», - говóрить він.

«Здрáстуйте», - відповідáють студéнти й виклáдáч.

Крíстіан ідé до свóго столá й сідáє. Тест із хімії починáється о пів на дев'яту. Виклáдáч підхóдить до столá Крíстіана.

«Ось твоя́ задáча», - говóрить виклáдáч. Він даé Крíстіану áркуш папéру із задáчею. «Ти пови́нен одержати аспіри́н. Ти мóжеш працювáти з пів на дев'яту до дванáдцятої години. Будь лáска, починáй», - говóрить виклáдáч.

Крíстіан знáє цю задáчу. Він берé дéякі хімікáти й починáє. Він працю́є дéсять хвили́н. Нарéшті він одéржує щось сíре й смердю́че. Це не гáрний аспіри́н. Крíстіан знáє, що він пови́нен одéржати вели́кі бíлі кристáли аспіри́ну. Тоді він прóбує знóву та знóву. Крíстіан працю́є прóтягом годи́ни, алé він знóву одéржує щось сíре й смердю́че. Крíстіан розлю́чений і втóмлений. Він не мóже зрозуміти цьóго. Він зупиня́ється й трóхи міркýє. Крíстіан кмітли́вий хлóпець. Він міркýє однý хвили́ну й

Wohnheims. Er braucht etwa zehn Minuten bis zur Uni. Kristian kommt zum Klassenzimmer. Er öffnet die Tür und schaut ins Klassenzimmer. Einige Studenten und der Lehrer sind da. Kristian betritt das Klassenzimmer.

„Hallo“, sagt er.

„Hallo“, antworten der Lehrer und die Studenten.

Kristian geht zu seinem Schreibtisch und setzt sich hin. Die Prüfung beginnt um halb neun. Der Lehrer kommt zu Kristians Tisch.

„Hier ist deine Aufgabe“, sagt der Lehrer. Dann gibt er Kristian ein Blatt Papier mit der Aufgabe. „Du musst Aspirin herstellen. Du kannst von halb neun bis zwölf Uhr arbeiten. Fang bitte an“, sagt der Lehrer.

Kristian weiß, wie diese Aufgabe geht. Er nimmt einige Chemikalien und beginnt. Er arbeitet zehn Minuten lang. Schließlich erhält er etwas Graues und Stinkendes. Das ist nicht gutes Aspirin. Kristian weiß, dass er große, weiße Aspirinkristalle erhalten muss. Dann versucht er es wieder und wieder. Kristian arbeitet eine Stunde lang, aber das Ergebnis ist wieder grau und stinkend. Kristian ist wütend und müde. Er kann es nicht verstehen. Er macht eine Pause und denkt ein bisschen nach. Kristian ist intelligent. Er denkt ein

по́тім знахо́дить ві́дповідь! Він встає́.

«Мо́жна зроби́ти пере́рву на де́сять хвили́н?» - запи́тує Крі́стіан викладача́.

«Авже́ж мо́жна», - відповіда́є виклада́ч.

Крі́стіан вихо́дить. Він знахо́дить апте́ку бі́ля університе́ту. Він захо́дить і купу́є кі́лька табле́ток аспіри́ну. За де́сять хвили́н він поверта́ється наза́д у кабіне́т. Студе́нти сидя́ть і працю́ють. Крі́стіан сіда́є.

«Мо́жу я закі́нчити тест?» - гово́рить Крі́стіан викладаче́ві за п'ять хвили́н.

Виклада́ч підхо́дить до стола́ Крі́стіана. Він ба́чить вели́кі бі́лі криста́ли аспіри́ну. Виклада́ч зупиня́ється в по́диві. Хвили́ну він стої́ть і ди́виться на аспіри́н.

«Це дивови́жно… Твій аспіри́н таки́й га́рний! Я не мо́жу цьо́го зрозумі́ти! Я ча́сто нама́гаюся оде́ржати аспіри́н, але́ оде́ржую ті́льки щось сі́ре та смердю́че, - гово́рить виклада́ч. - Ти пройшо́в тест», - гово́рить він.

Крі́стіан йде пі́сля те́сту. Виклада́ч ба́чить щось бі́ле бі́ля стола́ Крі́стіана. Він підхо́дить до стола́ й знахо́дить папі́рець від табле́ток аспіри́ну.

«Кмітли́вий хло́пець. Гара́зд, Крі́стіане. Тепе́р у тебе пробле́ма», - говори́ть виклада́ч.

paar Minuten nach und findet dann die Lösung! Er steht auf.

„Kann ich zehn Minuten Pause machen?“, fragt er den Lehrer.

„Ja, natürlich“, antwortet der Lehrer.

Kristian geht nach draußen. Er findet eine Apotheke in der Nähe der Uni. Er geht hinein und kauft ein paar Tabletten Aspirin. Nach zehn Minuten kommt er zurück ins Klassenzimmer. Die Studenten sitzen da und arbeiten. Kristian setzt sich hin.

„Kann ich die Prüfung beenden?“, fragt Kristian den Lehrer nach fünf Minuten.

Der Lehrer kommt zu Kristians Tisch. Er sieht große, weiße Aspirinkristalle. Der Lehrer ist überrascht. Er bleibt stehen und schaut eine Weile auf das Aspirin.

„Wunderbar! Dein Aspirin ist gut! Aber ich kann das nicht verstehen! Ich versuche oft, Aspirin herzustellen, aber alles, was ich herausbekomme, ist grau und stinkt“, sagt der Lehrer. „Du hast die Prüfung bestanden“.

Kristian geht nach der Prüfung weg. Der Lehrer sieht etwas Weißes auf Kristians Tisch. Er geht zum Tisch und findet das Papier der Aspirintabletten.

„Intelligenter Junge. Gut, Kristian, jetzt hast du ein Problem“, sagt der Lehrer.

15

А́ня і кенгуру́

Anya und das Känguru

Слова́

1. би́ти, вда́рити / ударити - schlagen
2. бідний - arm
3. відро́ - der Eimer
4. вода́ - das Wasser
5. волосся - das Haar
6. ву́хо - das Ohr
7. дава́й, дава́йте (Pl) - lass uns
8. діста́ти / діства́ти - erreichen, langen; herausziehen
9. до́бре - okay, gut
10. ей! - Hey!
11. зе́бра - das Zebra
12. зоопа́рк - der Zoo
13. його́ - sein, ihn
14. і́грашка - das Spielzeug

15. кенгуру́ - das Känguru
16. кни́жкова ша́фа - das Bücherregal
17. коли́ - wenn
18. крича́ти - schreien, rufen
19. лев - der Löwe
20. літа́ти - fliegen
21. ля́лька - die Puppe
22. ма́впа - der Affe
23. мене́ / мені́ - mich / mir
24. мі́сяць - der Monat
25. мо́крий - nass
26. моро́зиво - das Eis
27. нам / нас - uns (Dat.) / uns (Ak.)
28. несподі́ванка - Überraschung
29. О! - Oh!
30. олімпі́йський - olympisch
31. па́дати - fallen, паді́ння - der Fall
32. пе́рший - der erste
33. пла́кати - weinen
34. план - der Plan, планува́ти - planen
35. (по)вести́ - füren, bringen j-n
36. по́вний - voll
37. ра́зом - zusammen
38. рік - das Jahr
39. си́льно - stark, си́льний - stark
40. стіка́ти - ablaufen
41. сусі́дній - der nächste
42. тигр - der Tiger
43. ти́хо - leise
44. тягну́ти - ziehen
45. учи́тися/вчи́тися - studieren
46. хвіст - der Schwanz
47. чіпля́тися до (+Dative) - ärgern
48. широ́кий - weit; ши́роко - weit
49. щасли́вий - glücklich
50. що - was; Що це? - Was ist das?
51. я бу́ду - Ich werde
52. Як спра́ви? Як ся ма́єш?- Wie geht es?
53. яки́й - welcher/welche/welches; Яки́й стіл? - Welcher Tisch?

B

А́ня і кенгуру́

Ро́берт тепе́р студе́нт. Він навча́ється в університе́ті. Він вивча́є украї́нську мо́ву. Ро́берт живе́ в гурто́житку. Він живе́ в сусі́дній із Крі́стіаном кімнаті.

Ро́берт за́раз у своі́й кімна́ті. Він бере́ телефо́н і дзво́нить своє́му дру́гові

Ania und das Känguru

Robert ist jetzt Student. Er studiert an der Universität. Er studiert Ukrainisch. Robert wohnt im Studentenwohnheim. Er ist Kristians Nachbar.

Robert ist gerade in seinem Zimmer. Er nimmt sein Telefon und ruft seinen

Паші.

«Алло́», - відповіда́є на дзвіно́к Па́ша.

«Алло́, Па́шо. Це Ро́берт. Як спра́ви?» - говори́ть Ро́берт.

«Здоро́в, Ро́берте. У ме́не до́бре. Дя́кую. А як у те́бе спра́ви?» - відповіда́є Па́ша.

«У ме́не теж до́бре. Дя́кую. Я піду́ погуля́ти. Які́ пла́ни у те́бе на сього́дні?» - гово́рить Ро́берт.

«Моя́ сестра́ А́ня про́сить мене́ повести́ її в зоопа́рк. Я за́раз поведу́ її туди́. Ході́мо ра́зом із на́ми», - гово́рить Па́ша.

«До́бре. Я піду́ з ва́ми. Де ми зустрі́немося?» - відповіда́є Ро́берт.

«Дава́й зустрі́немося на авто́бусній зупи́нці Олі́мпік. І запита́й Крі́стіана, чи хо́че він теж піти́ з на́ми», - гово́рить Паша.

«Гара́зд. Бува́й», - відповіда́є Ро́берт.

«Поба́чимося. Бува́й», - гово́рить Па́ша.

По́тім Ро́берт іде́ в кімна́ту Крі́стіана. Крі́стіан у своі́й кімна́ті.

«Здоро́в», - гово́рить Ро́берт.

«О, здоро́в, Ро́берте. Захо́дь, будь ла́ска», - гово́рить Крі́стіан. Ро́берт захо́дить.

«Я, Па́ша і його́ сестра́ піде́мо в зоопа́рк. Ході́мо ра́зом із на́ми», - гово́рить

Freund Pascha an.

Pascha geht ans Telefon und sagt: „Hallo.“

„Hallo Pascha. Ich bin es, Robert. Wie geht’s dir?“, sagt Robert.

„Hallo Robert. Mir geht’s gut. Danke. Und dir?“, antwortet Pascha.

„Mir geht’s auch gut, danke. Ich werde einen Ausflug machen. Was hast du heute vor?“, sagt Robert.

„Meine Schwester Ania will mit mir in den Zoo gehen. Ich werde jetzt mit ihr dorthin gehen. Lass uns zusammen gehen“, sagt Pascha.

„Alles klar, ich komme mit. Wo treffen wir uns?“, fragt Robert.

„Lass uns an der Bushaltestelle Olympic treffen. Und frag Kristian, ob er auch mitkommen will“, sagt Pascha.

„Alles klar. Tschüss“, antwortet Robert.

„Bis gleich“, sagt Pascha.

Dann geht Robert zu Kristians Zimmer. Kristian ist in seinem Zimmer.

„Hallo“, sagt Robert.

„Oh, hallo Robert. Komm rein“, sagt Kristian. Robert betritt das Zimmer.

„Pascha, seine Schwester und ich gehen in den Zoo. Willst du mitkommen?“, fragt Robert.

Ро́берт.

«Авже́ж, я теж піду́!» - гово́рить Крі́стіан.

Ро́берт і Крі́стіан іду́ть на авто́бусну зупи́нку Олі́мпік. Вони́ ба́чать там Па́шу і його́ сестру́ А́ню.

Сестрі́ Па́ші ті́льки п'ять ро́ків. Вона́ мале́нька ді́вчинка, і вона́ спо́внена ене́ргії. Вона́ ду́же лю́бить твари́н. Але́ А́ня ду́має, що твари́ни - це і́грашки. Твари́ни тіка́ють від не́ї, тому́ що вона́ ду́же чіпля́ється до них. Вона́ мо́же потягну́ти за хвіст або́ ву́хо, вда́рити руко́ю або́ і́грашкою. У А́ні вдо́ма є соба́ка й кіт. Коли́ А́ня вдо́ма, соба́ка спить під лі́жком, а кіт сиди́ть на ша́фі. Так вона́ не мо́же до них діста́ти.

А́ня, Па́ша, Ро́берт і Крі́стіан захо́дять в зоопа́рк. В зоопа́рку ду́же бага́то твари́н. А́ня ду́же ра́да. Вона́ підбіга́є до ле́ва й ти́гра. Вона́ вдаря́є зе́бру сво́єю ля́лькою. Вона́ так си́льно тя́гне одну́ ма́впу за хвіст, що всі ма́впи з кри́ками тіка́ють. По́тім А́ня ба́чить кенгуру́. Кенгуру́ п'є во́ду з відра́. А́ня посміха́ється й ду́же тихе́нько підхо́дить до кенгуру́. А по́тім…

«Ей! Кенгуру-у-у́!!» - кричи́ть А́ня і тя́гне його́ за хвіст. Кенгуру́ ди́виться на А́ню широко розплю́щеними очи́ма й так підстри́бує від несподі́ванки, що

„Natürlich komme ich mit", sagt Kristian.

Robert und Kristian fahren bis zur Bushaltestelle Olympic. Dort sehen sie Pascha und seine Schwester Ania.

Paschas Schwester ist erst fünf. Sie ist ein kleines Mädchen und voller Energie. Sie mag Tiere sehr gerne. Aber Ania denkt, dass Tiere Spielzeug sind. Die Tiere rennen vor ihr weg, weil sie sie sehr ärgert. Sie zieht sie am Schwanz oder am Ohr, schlägt sie mit der Hand oder mit einem Spielzeug. Zuhause hat Ania einen Hund und eine Katze. Wenn Ania zuhause ist, sitzt der Hund unter dem Bett und die Katze auf dem Bücherregal. So kann Ania sie nicht kriegen.

Ania, Pascha, Robert und Kristian betreten den Zoo. Im Zoo gibt es sehr viele Tiere. Ania ist glücklich. Sie rennt zu den Löwen und Tigern. Sie schlägt das Zebra mit ihrer Puppe. Sie zieht so stark am Schwanz eines Affen, dass alle Affen schreiend wegrennen. Dann sieht Ania ein Känguru. Das Känguru trinkt Wasser aus einem Eimer. Ania lächelt und nähert sich dem Känguru langsam. Und dann...

„Hey!!! Kängruu-uu-uu!!", schreit Ania und zieht es am Schwanz. Das Känguru schaut Ania mit weit aufgerissenen Augen an. Vor Schreck macht es einen Satz, sodass der Wassereimer in die Luft fliegt und auf

відрó з водóю підлітáє вгóру й пáдає на Áню. Водá стікáє по її волóссю, облúччю, сýкні. Áня вся мóкра .

«Ти погáний кенгурý! Погáний!» - плáче вонá.

Дéякі люди посміхáються, а дéякі говóрять: «Бідна дівчинка». Пáша веде Áню додóму.

«Ти не повúнна чіплятися до тварúн», - говóрить Пáша й дає їй морóзиво. Áня їсть морóзиво.

«Ну дóбре. Я не бýду грáтися з велúкими й сердúтими тварúнами. Я бýду грáтися тíльки з малéнькими тварúнами», - дýмає Áня. Вонá знóву щаслúва.

Ania fällt. Wasser läuft über ihr Haar, ihr Gesicht und ihr Kleid. Ania ist ganz nass.

„Du bist ein böses Känguru! Böse!“, ruft sie.

Einige Leute lächeln und einige Leute sagen: „Armes Mädchen.“ Pascha bringt Ania nach Hause.

„Du darfst die Tiere nicht ärgern“, sagt Pascha und gibt ihr ein Eis. Ania isst das Eis.

„Okay, ich werde nicht mehr mit sehr großen und wütenden Tieren spielen“, denkt Ania. „Ich werde nur noch mit kleinen Tieren spielen.“ Sie ist wieder glücklich.

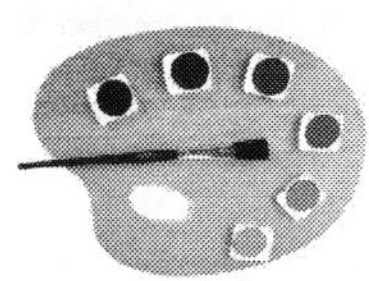

16

Парашути́сти

Die Fallschirmspringer

A

Слова

1. авіашо́у - die Flugschau
2. брю́ки - die Hose
3. бу́де - wird; бу́дуть - werden; бу́ду - werde
4. вважа́ти - glauben
5. вигу́кувати - (aus)rufen
6. вла́сний - eigener, eigene, eigenes
7. всере́дину - in
8. глядачі́ - das Publikum
9. гу́ма - der Gummi
10. дах - das Dach
11. де́в'ять - neun
12. до ре́чі - übrigens
13. життя́ - das Leben

14. жо́втий - gelb
15. закрива́ти, зачиня́ти - schließen
16. зачепи́ти(ся) - sich anhaken, hängenbleiben
17. земля́ - Land
18. злови́ти - fangen
19. із, з - aus, von
20. і́нший - andere
21. клуб - der Verein
22. кома́нда - die Mannschaft
23. крім - außer, ausgenommen
24. ку́ртка - die Jacke
25. літа́к - das Flugzeug
26. лови́ти - fangen
27. мета́л, metале́вий - das Metall
28. мовчазни́й - leise
29. мовча́ти - schweigen; мо́вчки - schweigend
30. на ву́лицю - nach außen
31. над - über
32. нести́ - bringen
33. о́дяг - Kleidung
34. одяга́ти / одягну́ти - anziehen
35. одя́гнений, вбра́ний - gekleidet, angezogen
36. опу́дало парашути́ста - die Fallschirmspringerpuppe
37. па́даючий - fallend
38. парашу́т - der Fallschirm; парашути́ст - der Fallschirmspringer
39. піло́т - der Pilot
40. пі́сля - nach
41. пові́тря - die Luft
42. приготува́ти(ся) - vorbereiten (sich)
43. приземля́тися - landen
44. роби́ти - machen
45. рятува́ти - retten
46. Сергі́й - Sergey
47. серди́то - wütend
48. сиді́ння - der Sitz
49. сіда́ти - sich hinsetzen
50. спра́вжній - wirkliche
51. схо́дити з - aussteigen
52. тату́сь - Papa
53. ті́льки - nur
54. тренува́льний - trainiert
55. тренува́ти - trainieren
56. трюк - der Trick
57. трюк із рятува́ння життя́ - der Rettungstrick
58. уча́сник - das Mitglied
59. части́на - der Teil
60. черво́ний - rot
61. чудо́во - super, toll
62. штовха́ти - stoßen, ziehen
63. щоб - um .. zu ..
64. якщо́ - ob, wenn, falls

B

Парашути́сти

Ра́нок. Ро́берт іде́ в кімна́ту Кри́стіана. Кри́стіан сиди́ть за столо́м і щось пи́ше. Кіт Кри́стіана Фавори́т - на лі́жку. Він тихе́нько спить.

«Мо́жна увійти́?» - пита́є Ро́берт.

«А, Ро́берте. Захо́дь, будь ла́ска. Як спра́ви?» - гово́рить Кри́стіан.

«До́бре. Дя́кую. Як у те́бе?» - гово́рить Ро́берт.

«Прекра́сно. Дя́кую. Будь ла́ска, сіда́й», - відповіда́є Кри́стіан. Ро́берт сіда́є на стіле́ць.

«Ти зна́єш, що я уча́сник парашу́тного клу́бу. Сього́дні у нас бу́де авіашо́у, - гово́рить Ро́берт, - я роблю́ там кілька стрибків».

«Це ду́же ціка́во, - відповіда́є Кри́стіан. - Я, мо́жливо, піду́ подиви́тися це авіашо́у».

«Якщо́ хо́чеш, я мо́жу взя́ти тебе́ туди́, і ти змо́жеш політа́ти на літаку́», - гово́рить Ро́берт.

«Пра́вда? Це бу́де здо́рово! - вигу́кує Кри́стіан, - о ко́трій годи́ні авіашо́у?»

«Воно́ почина́ється о деся́тій годи́ні ра́нку, - відповіда́є Ро́берт. - Па́ша теж прийде́. До речі, нам потрі́бна допомо́га,

Die Fallschirmspringer

Es ist Morgen. Robert kommt in Kristians Zimmer. Kristian sitzt am Tisch und schreibt etwas. Kristians Katze Favorite sitzt auf Kristians Bett. Sie schläft ruhig.

„Kann ich reinkommen?“, fragt Robert.

„Oh, Robert. Komm rein. Wie geht’s dir?“, antwortet Kristian.

„Gut, danke. Und dir?“, sagt Robert.

„Danke, auch gut. Setz dich“, antwortet Kristian. Robert setzt sich auf einen Stuhl.

„Du weißt doch, dass ich Mitglied in einem Fallschirmspringerverein bin. Wir haben heute eine Flugschau“, sagt Robert. „Ich werde ein paar Sprünge machen“.

„Das ist interessant“, antwortet Kristian. „Ich komme vielleicht zuschauen.“

„Wenn du willst, kann ich dich mitnehmen und du kannst in einem Flugzeug mitfliegen“, sagt Robert.

„Echt? Das wäre super!“, ruft Kristian. „Um wie viel Uhr ist die Flugschau?“

„Sie fängt um zehn Uhr morgens an“, antwortet Robert. „Pascha kommt auch. Übrigens, wir brauchen Hilfe, eine

щоб ви́штовхнути опу́дало парашути́ста з літака́. Ти допомо́жеш?»

«Опу́дало парашути́ста? Наві́що?» - гово́рить Крі́стіан здиво́вано.

«Це, ба́чиш, части́на шоу,- гово́рить Ро́берт, - Це - трюк з рятува́ння життя́. Опу́дало парашути́ста па́дає вниз. У цей час спра́вжній парашути́ст підліта́є до ньо́го, хапа́є його́ й відкрива́є свій вла́сний парашу́т. „Люди́на" врято́вана!»

«Здо́рово!» - відповіда́є Крі́стіан, «Я допоможу́. Ході́мо!»

Крі́стіан і Ро́берт вихо́дять на ву́лицю. Вони́ йду́ть на авто́бусну зупи́нку Олі́мпік і сіда́ють в авто́бус. Доро́га до авіашо́у займа́є ті́льки де́сять хвилин. Коли́ вони́ схо́дять із авто́буса, вони́ ба́чать Па́шу.

«Здоро́в, Па́шо, - гово́рить Ро́берт. - Ході́мо до літака́».

Біля літака́ вони́ ба́чать парашу́тну кома́нду. Вони́ підхо́дять до керівника́ кома́нди. Керівни́к кома́нди одя́гнений у черво́ні штани́ й черво́ну ку́ртку.

«Здоро́в, Сергі́ю, - гово́рить Ро́берт. - Крі́стіан і Па́ша допомо́жуть з трю́ком із рятува́ння життя́».

«Гара́зд. Опу́дало парашути́ста тут», - гово́рить Сергі́й. Він дає їм опу́дало парашути́ста. Опу́дало парашути́ста

Fallschirmspringerpuppe aus dem Flugzeug zu werfen. Kannst du helfen?"

„Eine Fallschirmspringerpuppe? Warum?", fragt Kristian überrascht.

„Ach, weißt du, das ist ein Teil der Schau", sagt Robert. „Es ist ein Rettungstrick. Die Puppe fällt herunter. In dem Moment fliegt ein echter Fallschirmspringer zu ihr, fängt sie und öffnet seinen eigenen Fallschirm. Der ‚Mann' ist gerettet!"

„Toll!", antwortet Kristian. „Ich helfe. Lass uns gehen!"

Kristian und Robert gehen nach draußen. Sie kommen zur Bushaltestelle Olympic und nehmen einen Bus. Es dauert nur zehn Minuten bis zur Flugschau. Als sie aus dem Bus steigen, sehen sie Pascha.

„Hallo Pascha", sagt Robert. „Lass uns zum Flugzeug gehen."

Beim Flugzeug sehen sie eine Fallschirmspringermannschaft. Der Führer der Mannschaft hat eine rote Hose und eine rote Jacke an.

„Hallo Sergey", sagt Robert. „Kristian und Pascha helfen beim Rettungstrick."

„Okay. Hier ist die Puppe", sagt Sergey. Er gibt ihnen die Fallschirmspringerpuppe. Die Puppe

одя́гнене в черво́ні брю́ки й черво́ну ку́ртку.

«Він одя́гнений як Ви», - ка́же Па́ша, посміха́ючись Сергі́ю.

«У нас нема́є ча́су говори́ти про це, - ка́же Сергі́й, - несі́ть його́ в цей літа́к».

Крі́стіан і Па́ша несу́ть опу́дало парашути́ста в літа́к. Вони́ сіда́ють бі́ля піло́та. Вся парашу́тна кома́нда, крім її керівника́, сіда́є в літа́к. Две́рі зачиня́ють. За п'ять хвили́н літа́к уже́ в пові́трі. Коли́ він проліта́є над Оде́сою, Па́ша ба́чить свій вла́сний буди́нок.

«Диви́ся! Там мій буди́нок!» - вигу́кує Па́ша.

Крі́стіан ди́виться че́рез вікно́ на ву́лиці, пло́щі, па́рки мі́ста. Літа́ти на літаку́ - це дивови́жно.

«Приготува́тися до стрибка́!» - вигу́кує піло́т. Парашути́сти встаю́ть. Две́рі відчиня́ють.

«Де́сять, де́в'ять, ві́сім, сім, шість, п'ять, чоти́ри, три, два, оди́н. Га́йда!» - вигу́кує піло́т.

Парашути́сти почина́ють стриба́ти з літака́. Глядачі́ внизу́ на землі́ ба́чать черво́ні, зеле́ні, бі́лі, си́ні, жо́вті парашу́ти. Це ду́же га́рно! Сергі́й, кері́вни́к парашу́тної кома́нди, теж ди́виться вго́ру. Парашути́сти летя́ть

trägt eine rote Hose und eine rote Jacke.

„Sie trägt die gleiche Kleidung wie du“, sagt Pascha und grinst Sergey an.

„Wir haben keine Zeit, darüber zu reden“, sagt Sergey. „Nehmt sie mit in dieses Flugzeug.“

Kristian und Pascha bringen die Puppe ins Flugzeug. Sie setzen sich neben den Piloten. Die ganze Fallschirmspringermannschaft außer ihrem Führer besteigt das Flugzeug. Sie schließen die Tür. Nach fünf Minuten ist das Flugzeug in der Luft. Als es über Odessa fliegt, sieht Pascha sein Haus.

„Schau! Da ist mein Haus!“, ruft Pascha.

Kristian schaut aus dem Fenster auf Straßen, Plätze und Parks. Es ist toll, in einem Flugzeug zu fliegen.

„Zum Sprung bereit machen!“, ruft der Pilot. Die Fallschirmspringer stehen auf. Sie öffnen die Tür.

„Zehn, neun, acht, sieben, sechs, fünf, vier, drei, zwei, eins! Los!“, ruft der Pilot.

Die Fallschirmspringer beginnen, aus dem Flugzeug zu springen. Das Publikum auf dem Boden sieht rote, grüne, weiße, blaue und gelbe Fallschirme. Es sieht sehr schön aus. Sergey, der Führer der Mannschaft, schaut auch nach oben. Die

униз і деякі вже приземляються.

«Гаразд. Гарна робота, хлопці», - говорить Сергій і йде в найближче кафе випити кави. Авіашоу триває.

«Приготуватися до трюку з рятування життя!» - вигукує пілот.

Паша та Крістіан несуть опудало парашутиста до дверей.

«Десять, дев'ять, вісім, сім, шість, п'ять, чотири, три, два, один. Гайда!» - вигукує пілот.

Крістіан і Паша штовхають опудало парашутиста у двері. Воно виходить, але потім зупиняється. Його гумова рука зачіпляється за якусь металеву частину літака.

«Нумо-нумо, хлопці!» - кричить пілот.

Хлопці штовхають опудало парашутиста дуже сильно, але не можуть виштовхнути його.

Глядачі внизу на землі бачать парашутиста, одягненого в червоне, у дверях літака. Дві інші людини намагаються виштовхнути його. Люди не можуть повірити своїм очам. Це триває приблизно хвилину. Потім парашутист у червоному падає вниз. Інший парашутист вистрибує з літака й намагається схопити його. Але він не може цього зробити. Парашутист у

Fallschirmspringer fliegen nach unten und einige landen bereits.

„Okay, gute Arbeit, Jungs“, sagt Sergey und geht in ein Café in der Nähe, um Kaffee zu trinken. Die Flugschau geht weiter.

„Für den Rettungstrick bereit machen!“, ruft der Pilot.

Pascha und Kristian bringen die Puppe zur Tür.

„Zehn, neun, acht, sieben, sechs, fünf, vier, drei, zwei, eins! Los!“, ruft der Pilot.

Kristian und Pascha stoßen die Puppe aus der Tür. Sie fällt heraus, bleibt dann aber hängen. Ihre Gummihand ist an einem Metallteil des Flugzeugs hängen geblieben.

„Los, auf, Jungs!“, ruft der Pilot.

Die Jungs ziehen mit aller Kraft an der Puppe, aber sie bekommen sie nicht los.

Das Publikum unten auf dem Boden sieht einen Mann in Rot gekleidet in der Flugzeugtür. Zwei andere Männer versuchen, ihn herauszustoßen. Die Leute trauen ihren Augen nicht. Es dauert etwa eine Minute. Dann fällt der Fallschirmspringer in Rot nach unten. Ein anderer Fallschirmspringer springt aus dem Flugzeug und versucht, ihn zu fangen. Aber er schafft es nicht. Der

черво́ному па́дає вниз. Він па́дає крізь дах усере́дину кафе́. Глядачі́ мо́вчки ди́вляться. По́тім вони́ ба́чать, як чолові́к, одя́гнений у черво́не, вибіга́є з кафе́. Цей чолові́к у черво́ному - Сергі́й, керівни́к парашу́тної кома́нди. Але глядачі́ ду́мають, що він - парашути́ст, яки́й упа́в. Він ди́виться вго́ру й кричи́ть серди́то: «Якщо́ не мо́жеш злови́ти люди́ну, то й не бери́ся!»

Fallschirmspringer in Rot fällt weiter. Er fällt durch das Dach in das Café. Das Publikum schaut schweigend zu. Dann sehen die Leute einen in rot gekleideten Mann aus dem Café rennen. Der Mann in Rot ist Sergey, der Führer der Fallschirmspingermannschaft. Aber das Publikum denkt, dass er der abgestürzte Fallschirmspringer ist. Er schaut nach oben und ruft wütend: „Wenn ihr einen Mann nicht fangen könnt, dann versucht es nicht!“

Глядачі́ мовча́ть.

Das Publikum ist still.

«Та́ту, цей чолові́к ду́же си́льний», - гово́рить мале́нька ді́вчинка своє́му та́тові.

„Papa, dieser Mann ist sehr stark“, sagt ein kleines Mädchen zu ihrem Vater.

«Він до́бре трено́ваний», - відповіда́є та́то.

„Er ist gut trainiert“, antwortet der Vater.

Пі́сля авіашо́у Крі́стіан і Па́ша підхо́дять до Ро́берта.

Nach der Flugschau gehen Pascha und Kristian zu Robert.

«Ну, як на́ша рабо́та?» - пита́є Па́ша.

„Wie war unsere Arbeit?“, fragt Pascha.

«Е… О, ду́же до́бре. Дя́кую», - відповіда́є Ро́берт.

„Ähm...Oh, sehr gut. Danke“, antwortet Robert.

«Якщо́ тобі́ ще потрі́бна допомо́га - ті́льки скажи́», - гово́рить Крі́стіан.

„Wenn du Hilfe brauchst, sag es einfach“, sagt Kristian.

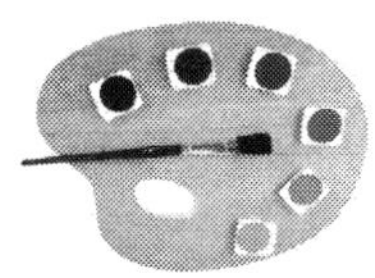

17

Ви́мкни газ!

Mach das Gas aus!

Слова́

1. блідий - blass
2. відчува́ючи - fühlend
3. вмика́ти - anmachen; вимика́ти - ausmachen
4. вого́нь - das Feuer
5. все - alles
6. ву́лиця Що́рса - Schiorsa Strasse
7. газ - das Gas
8. го́лос - die Stimme
9. два́дцять - zwanzig
10. дзвони́ти - klingeln; дзвіно́к - das Klingeln
11. дитсадо́к - der Kindergarten
12. забу́ти - vergessen
13. завме́рти - erstarren
14. залізни́ця - der Bahnhof
15. квито́к - die Fahrkarte
16. кіломе́тр - der Kilometer
17. кі́шечка - die Miezekatze
18. Колобо́ков - Kolobokov (Name)

19. кран - der Wasserhahn
20. момéнт - der Moment
21. нагрівáти - aufwärmen
22. накáзувати - befehlen
23. напóвнювати - füllen
24. не - nicht
25. негáйно - sofort
26. незнайóмий - fremd
27. несподíвано, зненáцька, рáптом - plötzlich
28. одинáдцять - elf
29. пéред тим, як - bevor
30. пíшки - zu Fuß
31. пóїзд - der Zug
32. пóряд - nahe
33. ретéльний - sorgfältig
34. розповсю́джувати - übergreifen
35. секретáр - die Sekretärin
36. сóрок чоти́ри - vierundvierzig
37. стáвити - stellen; клáсти - liegen
38. стáнція - station
46. стопá - der Fuß
39. телефóнна трýбка, слýхавка - der Telefonhörer
40. тéплий - warm
41. тим чáсом - in der Zwischenzeit
42. томý - deswegen
43. хи́трий - schlauer; хи́тро - schlau
44. хто, котри́й - wer
45. чáйник - der Kessel
46. швидки́й - schnelle; шви́дко - schnell
47. що мéшкає, котри́й мéшкає - wohnhaft

 B

Ви́мкни газ!

Сьóма годи́на рáнку. Пáша й Áня сплять. Ї́хня мáма на кýхні. Мáму звýть Люба. Мáмі сóрок чоти́ри рóки. Вонá - дбайли́ва жíнка. Пéред тим, як іти́ на робóту, Люба прибирáє на кýхні. Вонá секретáр. Вонá працює за двáдцять кіломéтрів від Одéси. Люба зазвичáй ї́здить на робóту на пóїзді.

Залізни́чна станція недалéко, томý Люба йде туди́ пíшки. Вона купýє

Mach das Gas aus!

Es ist sieben Uhr morgens. Pascha und Ania schlafen. Ihre Mutter ist in der Küche. Die Mutter heißt Luba. Luba ist vierundvierzig. Sie ist eine sorgfältige Frau. Luba putzt die Küche, bevor sie zur Arbeit geht. Sie ist Sekretärin. Sie arbeitet zwanzig Kilometer außerhalb von Odessa. Luba fährt normalerweise mit dem Zug zur Arbeit.

Sie geht nach draußen. Der Bahnhof ist in der Nähe, deswegen geht Luba zu Fuß

квитóк і сідає в поїзд. Дорóга до робóти займáє приблúзно двáдцять хвилúн. Лю́ба сидúть у пóїзді й дúвиться у вікнó. Рáптом вонá завмирáє. Чáйник! Він стоі́ть на плиті́, і вонá забу́ла вúмкнути газ! Пáша й А́ня сплять. Вогóнь мóже поширúтися на мéблі й тоді́... Лю́ба блі́дне. Алé вонá кмітлúва жі́нка й чéрез хвилúну вонá знáє, що робúти. Вонá прóсить жі́нку й чолові́ка, кóтрі сидя́ть пóруч, зателефонувáти їй додóму і сказáти Пáші про чáйник.

dorthin. Sie kauft eine Fahrkarte und steigt ein. Es dauert etwa zwanzig Minuten bis zu ihrer Arbeit. Luba sitzt im Zug und schaut aus dem Fenster. Plötzlich erstarrt sie. Der Kessel! Er steht auf dem Herd und sie hat vergessen, das Gas auszumachen. Pascha und Ania schlafen. Das Feuer kann auf die Möbel übergreifen und dann... Luba wird blass. Aber sie ist eine intelligente Frau und kurz darauf weiß sie, was zu tun ist. Sie bittet eine Frau und einen Mann, die neben ihr sitzen, bei ihr zu Hause anzurufen und Pascha über den Kessel zu informieren.

Тим чáсом Пáша встає́, умивáється і йде на ку́хню. Він берé чáйник зі стóлу, напóвнює йогó водóю і стáвить на плиту́. Пóтім він берé хліб і мáсло й рóбить бутербрóди. А́ня захóдить на ку́хню.

In der Zwischenzeit steht Pascha auf, wäscht sich und geht in die Küche. Er nimmt den Kessel vom Tisch, füllt ihn mit Wasser und stellt ihn auf den Herd. Dann nimmt er Brot und Butter und macht Butterbrote. Ania kommt in die Küche.

«Де моя́ малéнька кі́шечка?» - питáє вонá.

„Wo ist meine kleine Miezekatze?“, fragt sie.

«Я не знáю, - відповідáє Пáша. - Йди у вáнну та вмий облúччя. Ми зáраз бу́демо пúти чай і ї́сти бутербрóди. Пóтім я відведу́ тебé в дитя́чий садóк».

„Ich weiß es nicht“, antworte Pascha. „Geh ins Bad und wasch dein Gesicht. Wir trinken jetzt Tee und essen Brote. Dann bring ich dich in den Kindergarten.“

А́ня не хóче вмивáтися. «Я не мóжу відкрутúти кран», - говóрить вонá хúтро.

Ania will sich nicht waschen. „Ich kann den Wasserhahn nicht anmachen“, sagt sie schlau.

«Я допоможу́ тобі́», - говóрить її брáт. У цей час дзвóнить телефóн. А́ня швúдко біжúть до телефóну й берé слу́хавку.

„Ich helfe dir“, sagt ihr Bruder. In diesem Moment klingelt das Telefon. Ania rennt schnell zum Telefon und nimmt den Hörer

«Алло́, це зоопа́рк. А це хто?» - ка́же вона́.

Па́ша бере́ у неї слу́хавку й ка́же: «Алло́. Це Па́ша».

«Ти Па́ша Колобо́ков, котри́й ме́шкає на ву́лиці Що́рса одина́дцять?» - пита́є незнайо́мий жіно́чий го́лос.

«Так», - відповіда́є Па́ша.

«Нега́йно йди на ку́хню й ви́мкни газ!» - вигу́кує жіно́чий го́лос.

«Хто Ви? Чому я пови́нен вимика́ти газ?» - здиво́вано ка́же Па́ша.

«Зроби́ це за́раз же!» - нака́зує жі́нка.

Па́ша вимика́є газ. Па́ша й А́ня здиво́вано ди́вляться на ча́йник.

«Я не розумі́ю, - ка́же Па́ша, - як ця жі́нка мо́же зна́ти, що ми бу́демо пи́ти чай?»

«Коли́ ми бу́демо ї́сти? - пита́є його́ сестра́. - Я хо́чу ї́сти».

«Я теж хо́чу», - ка́же Па́ша і зно́ву вмика́є газ. В цю хвили́ну зно́ву дзво́нить телефо́н.

«Алло́», - ка́же Па́ша.

«Ти Па́ша Колобо́ков, котри́й ме́шкає на ву́лиці Що́рса одина́дцять?» - запи́тує незнайо́мий чолові́чий го́лос.

«Так», - відповіда́є Па́ша.

ab.

„Hallo, hier ist der Zoo. Und wer ist da?“, sagt sie. Pascha nimmt ihr den Hörer weg und sagt: „Hallo, Pascha hier.“

„Bist du Pascha Kolobokov, wohnhaft in der Schiorsa Strasse elf?“, fragt die Stimme einer fremden Frau.

„Ja“, antwortet Pascha.

„Geh sofort in die Küche und mach das Gas aus“, ruft die Stimme der Frau.

„Wer sind Sie? Warum soll ich das Gas ausmachen?“, fragt Pascha überrascht.

„Mach es jetzt!“, befielt die Stimme.

Pascha macht das Gas aus. Ania und Pascha schauen verwundert auf den Kessel.

„Ich verstehe das nicht“, sagt Pascha. „Woher weiß diese Frau, dass wir Tee trinken wollten?“

„Ich habe Hunger“, sagt seine Schwester. „Wann essen wir?“

„Ich habe auch Hunger“, sagt Pascha und macht das Gas wieder an. In diesem Moment klingelt das Telefon wieder.

„Hallo“, sagt Pascha.

„Bist du Pascha Kolobokov, wohnhaft in der Schiorsa Strasse elf?“, fragt die Stimme eines fremden Mannes.

„Ja“, antwortet Pascha.

«Ви́мкни нега́йно кухо́нний газ! Будь обере́жний!» - Нака́зує го́лос.

„Mach sofort das Gas aus! Sei vorsichtig!“, befiehlt die Stimme.

«Гара́зд», - ка́же Па́ша і зно́ву вимика́є газ.

„Okay“, sagt Pascha und macht das Gas wieder aus.

«Ході́мо в дитсадо́к», - ка́же Па́ша А́ні, відчува́ючи, що сього́дні вони́ не бу́дуть пи́ти чай.

„Lass uns in den Kindergarten gehen“, sagt Pascha zu Ania in dem Gefühl, dass sie heute keinen Tee trinken werden.

«Ні. Я хо́чу чай і бутербро́д», - серди́то ка́же А́ня.

„Nein. Ich will Tee und Brot mit Butter“, sagt Ania wütend.

«Ну гара́зд, спро́буймо зно́ву нагрі́ти ча́йник», - гово́рить ї́ї брат і вмика́є газ.

„Gut, lass uns versuchen, den Kessel wieder zu wärmen“, sagt ihr Bruder und stellt das Gas an.

Дзво́нить телефо́н і цьо́го ра́зу ї́хня ма́ма нака́зує ви́мкнути газ. По́тім вона́ все поя́снює. Наре́шті А́ня й Па́ша п’ють чай і йдуть у дитсадо́к.

Das Telefon klingelt und dieses Mal befiehlt ihre Mutter, das Gas abzustellen. Dann erklärt sie alles. Endlich trinken Ania und Pascha Tee und gehen in den Kindergarten.

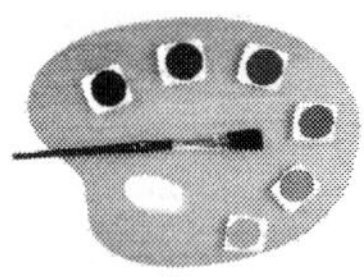

18

Аге́нтство з працевлаштува́ння

Eine Arbeitsvermittlung

A

Слова́

1. був, була́, було́ - war
2. видавни́цтво - der Verlag
3. відві́дувач - der Gast, der Besucher
4. впе́внений - sicher
5. все підря́д - vielseitig, alles könnend
6. до́свід - die Erfahrung
7. дріт, ка́бель - das Kabel
8. електри́чний - elektrisch
9. за годи́ну - pro Stunde
10. здо́рово - toll
11. зніма́ти - abnehmen
12. зніякові́лий, розгу́блений - verwirrt
13. індивідуа́льно - einzeln
14. істо́рія - die Geschichte
15. консульта́нт - der Berater; консультува́ти - beraten

16. лежáти - liegen
17. матрáс - die Matratze
18. мíсто - die Stadt
19. нóмер - die Nummer
20. оди́н óдного - einander
21. очищáючи - putzend
22. п'ятнáдцять - fünfzehn
23. письмéнницька прáця (робóта) - Schreibarbeit
24. підлóга - der Boden
25. погóджуватися - einverstanden sein; згóден / згóдний - einverstanden (Adj)
26. полови́на - halb
27. помічни́к - der Helfer
28. посáда - die Position
29. пускáти, дозвóлити - lassen
30. рекомендувáти - empfehlen
31. розумóва рабóта - Kopfarbeit
32. рукá - der Arm
33. серйóзно - ernst
34. сивоволóсий - grauhaarig
35. си́льний - starke; си́льно - stark
36. смертéльний - tödlich
37. струм - der Strom
38. тáкож, теж - auch
39. той же, той сáмий - der Gleiche; одночáсно - gleichzeitig
40. томý що - da
41. труси́ти(ся) - zittern
42. увáжно, акурáтно - vorsichtig
43. фізи́чна рабóта - die Handarbeit
44. хвилювáтися - sich Sorgen machen
45. шістдеся́т - sechzig
46. як - wie; Як я. - Wie ich.

B

Агéнтство з працевлаштувáння

Однóго рáзу Крíстіан захóдить у кíмнату Рóберта й бáчить, що йогó друг лежи́ть на лíжку й трясéться. Крíстіан бáчить електри́чні дроти́, що йдуть від Рóберта до електри́чного чáйника. Крíстіан вважáє, що Рóберт під смертéльним електри́чним струмом. Він шви́дко підхóдить до лíжка, берé матрáц і си́льно тя́гне йогó. Рóберт пáдає на підлóгу. Пóтім він встає й здивóвано

Eine Arbeitsvermittlung

Eines Tages kommt Kristian in Roberts Zimmer und sieht seinen Freund zitternd auf dem Bett liegen. Kristian sieht einige Stromkabel, die von Robert zum Wasserkocher führen. Kristian glaubt, dass Robert einen tödlichen Stromschlag abbekommen hat. Er geht schnell zum Bett, nimmt die Matratze und zieht stark daran. Robert fällt auf den Boden. Dann steht er auf und sieht Kristian

ди́виться на Крі́стіана.

«Що це було́?» - пита́є Ро́берт.

«Ти був під електри́чним стру́мом», - гово́рить Крі́стіан.

«Ні, я слу́хаю му́зику», - гово́рить Ро́берт і пока́зує свій CD-пле́єр.

«Ой, проба́ч», - гово́рить Крі́стіан. Він розгу́блений.

«Все гара́зд. Не хвилю́йся», - спокі́йно відповіда́є Ро́берт, обтру́шуючи свої́брю́ки.

«Я і Па́ша йдемо́ в аге́нтство з працевлаштува́ння. Ти хо́чеш піти́ з на́ми?» - пита́є Крі́стіан.

«Авже́ж. Ході́мо туди́ ра́зом», - гово́рить Ро́берт.

Вони́ вихо́дять на ву́лицю й сіда́ють в авто́бус но́мер сім. Доро́га до аге́нтства з працевлаштува́ння займа́є у них прибли́зно п'ятна́дцять хвили́н. Па́ша вже там. Вони́ захо́дять у буді́влю. В о́фіс аге́нтства з працевлаштува́ння стої́ть до́вга че́рга. Вони́ стають у че́ргу. За півгоди́ни вони́ захо́дять в о́фіс. У кімна́ті стіл і кі́лька книжко́вих шаф. За столо́м сиди́ть сивоволо́сий чолові́к. Йому́ прибли́зно шістдеся́т ро́ків.

«Захо́дьте, хло́пці! - при́язно ка́же він. Сіда́йте, будь ла́ска».

verwundert an.

„Was war das denn?“, fragt Robert.

„Du standest unter Strom“, sagt Kristian.

„Nein, ich habe Musik gehört“, sagt Robert und zeigt auf seinen CD-Spieler.

„Oh, Entschuldigung“, sagt Kristian. Er ist verwirrt.

„Schon gut, mach dir keinen Kopf“, sagt Robert ruhig und macht seine Hose sauber.

„Pascha und ich gehen zu einer Arbeitsvermittlung. Willst du mitkommen?“, fragt Kristian.

„Klar, lass uns zusammen gehen“, sagt Robert.

Sie gehen nach draußen und nehmen den Bus Nummer 7. Sie brauchen etwa fünfzehn Minuten bis zur Arbeitsvermittlung. Pascha ist schon dort. Sie betreten das Gebäude. Vor dem Büro der Arbeitsvermittlung ist eine lange Schlange. Sie stellen sich an. Nach einer halben Stunde betreten sie das Büro. Im Zimmer sind ein Stuhl und ein paar Bücherregale. Am Tisch sitzt ein grauhaariger Mann. Er ist etwa sechzig.

„Kommt rein, Jungs“, sagt er freundlich. „Setzt euch, bitte.“

Pascha, Robert und Kristian setzen sich.

Па́ша, Ро́берт і Крі́стіан сіда́ють.

«Мене́ зву́ть Мико́ла Оці́нкін. Я - консульта́нт із працевлаштува́ння. Зазвича́й я розмовля́ю з відві́дувачами індивіду́ально. Але, тому́ що ви студе́нти й зна́єте оди́н о́дного, я мо́жу проконсульту́вати вас усі́х ра́зом. Ви зго́дні?»

«Так, - гово́рить Па́ша, - у нас щодня́ три або чоти́ри годи́ни ві́льного ча́су. Нам тре́ба знайти́ робо́ту на цей час».

«Так. У ме́не є кі́лька робо́чих місць для студе́нтів. А ти змі́ми свій пле́єр», - пан Оці́нкін ка́же Ро́берту.

«Я мо́жу слу́хати одноча́сно му́зику й Вас», - гово́рить Ро́берт.

«Якщо́ ти серйо́зно хо́чеш отри́мати робо́ту, то змі́ми свій пле́єр і слу́хай те, що я кажу́, - гово́рить пан Оці́нкін. - Тепе́р, хло́пці, скажі́ть, яка́ робо́та вам потрі́бна? Вам потрі́бна розумо́ва чи фізи́чна робо́та?»

«Я мо́жу роби́ти бу́дь-яку робо́ту, - гово́рить Крі́стіан, - я си́льний. Хо́чете поборотися на рука́х?» - гово́рить він і ставить свою ру́ку на стіл па́на Оці́нкіна.

«Тут не спорти́вний клуб, але якщо́ ти хо́чеш... - ка́же пан Оці́нкін. Він ста́вить ру́ку на стіл і шви́дко кладе́ ру́ку Крі́стіана. - Як ба́чиш, си́нку, ти пови́нен

„Ich bin Mikola Ozinkin. Ich bin Arbeitsberater. Normalerweise spreche ich einzeln mit Besuchern. Aber da ihr alle Studenten seid und euch kennt, kann ich euch zusammen beraten. Seid ihr einverstanden?“

„Ja“, sagt Pascha. „Wir haben drei, vier Stunden frei pro Tag. Wir brauchen für diese Zeit einen Job.“

„Gut, ich habe ein paar Jobs für Studenten. Und du, mach deinen CD-Spieler aus“, sagt Herr Ozinkin zu Robert.

„Ich kann gleichzeitig Ihnen zuhören und Musik hören“, sagt Robert.

„Wenn du ernsthaft einen Job willst, mach die Musik aus und hör mir genau zu“, sagt Herr Ozinkin. „Also, was für einen Job wollt ihr denn. Wollt ihr Hand- oder Kopfarbeit?

„Ich kann jede Arbeit machen“, sagt Kristian. „Ich bin stark. Wollen Sie es testen?“, fragt er und stützt seinen Arm auf Herrn Profits Tisch auf.

„Das hier ist kein Sportverein, aber wenn du willst...“ sagt Herr Ozinkin. Er stützt seinen Arm auf den Tisch auf und drückt Kristians Arm schnell nach unten. „Wie du siehst, musst du nicht nur stark, sondern auch schlau sein.“

„Ich kann auch Denkarbeit machen“, sagt

бу́ти не лише́ си́льним, але́ й розу́мним».

«Я розумо́во теж мо́жу працюва́ти, - гово́рить Крі́стіан знову́. Він ду́же хо́че отри́мати робо́ту. - Я мо́жу писа́ти істо́рії. У ме́не є кілька істо́рій про моє рі́дне мі́сто».

«Це ду́же ціка́во», - гово́рить пан Оці́нкін. Він бере́ а́ркуш папе́ру. «Видавни́чій фі́рмі „Все підря́д“ потрі́бен молоди́й помічни́к для письме́нницької робо́ти. Вони́ пла́тять 80 гри́вень за годи́ну».

«Здо́рово! - каже Крі́стіан. - Мо́жна мені́ спро́бувати?»

«Авже́ж. Ось ї́хній телефо́нний но́мер і адре́са», - гово́рить пан Оці́нкін і дає́ Крі́стіану а́ркуш папе́ру.

«А ви, хло́пці, мо́жете ви́брати робо́ту на фе́рмі, на комп'ю́терній фі́рмі, в газе́ті або́ в суперма́ркеті. Я рекоменду́ю вам поча́ти працюва́ти на фе́рмі, тому́ що у вас нема́є до́свіду. Їм потрі́бні два працівники́», - гово́рить пан Оці́нкін Па́ші й Ро́берту.

«Скі́льки вони́ пла́тять?» - запи́тує Па́ша.

«За́раз подивлю́ся... - пан Оці́нкін ди́виться в комп'ю́тері. - Їм потрі́бні робітники́ на три чи чоти́ри годи́ни в день і вони́ пла́тять 60 гри́вень за годи́ну. Субо́та й неді́ля - вихідні́. Ви

Kristian. Er will unbedingt einen Job. „Ich kann Geschichten schreiben. Ich habe ein paar Geschichten über meine Heimatstadt."

„Das ist sehr interessant", sagt Herr Ozinkin. Er greift nach einem Blatt Papier. „Der Verlag ‚All-Round' braucht einen jungen Helfer als Schreiber. Sie zahlen 80 Hrywnja pro Stunde."

„Super", sagt Kristian. „Kann ich das versuchen?"

„Natürlich. Hier sind Telefonnummer und Adresse", sagt Herr Ozinkin und gibt Kristian ein Blatt Papier.

„Und ihr Jungs könnt zwischen einem Job auf einem Bauernhof, in einer Computerfirma, bei einer Zeitung oder im Supermarkt wählen. Da ihr keine Erfahrung habt, empfehle ich euch, mit der Arbeit auf dem Bauernhof anzufangen. Sie brauchen zwei Arbeiter", sagt Herr Ozinkin zu Pascha und Robert.

„Wie viel zahlen sie?", fragt Pascha.

„Mal schaun...", Herr Ozinkin schaut auf den Computer. „Sie brauchen Arbeiter für drei oder vier Stunden am Tag und zahlen 60 Hrywnja pro Stunde. Samstag und Sonntag sind frei. Seid ihr einverstanden?", fragt er.

„Ja, bin ich", sagt Pascha.

погóджуєтеся?» - запи́тує він.

«Я згóден», - каже Пáша.

«Я теж згóден», - кáже Рóберт.

«Ну що ж. Берíть нóмер телефóну й адрéсу фéрми», - говóрить пан Оцíнкін і дає́ їм áркуш папéру.

«Дя́куємо», - кáжуть хлóпці й вихóдять.

„Ich auch“, sagt Robert.

„Gut, nehmt die Telefonnummer und die Adresse des Bauernhofs“, sagt Herr Ozinkin und gibt ihnen eine Blatt Papier.

„Dankeschön, Herr Ozinkin“, sagen die Jungs und gehen nach draußen.

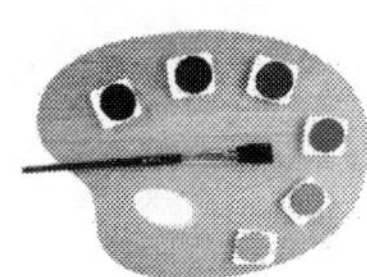

19

Па́ша і Ро́берт ми́ють вантажі́вку (части́на 1)

Pascha und Robert waschen den Laster (Teil 1)

A

Слова́

1. (по)ми́ти - waschen
2. бага́то - viel
3. бе́рег мо́ря - die Küste
4. бі́льша части́на - grösste Teil
5. бли́жче - näher; бли́зько - nahe
6. вздовж - entlang
7. використо́вувати - benutzen
8. вла́сник - der Besitzer
9. водíйські права́ - der Führerschein
10. во́сьмий - achter
11. гальмо́ - die Bremse, гальмува́ти - bremsen
12. дале́ко - weit; да́лі - weiter
13. двигу́н - der Motor

14. двір, подвíр'я - der Hof
15. дев'ятий - neunter
16. десятий - zehnter
17. дорóга - die Straße
18. дóсить (такú) - ziemlich
19. дрýгий - zweiter
20. завóдити - anmachen (nur ein Motor)
21. кóлесо - das Rad
22. корабéль - das Schiff
23. машúна - die Maschine
24. метр - der Meter
25. мúти - waschen
26. Михаїл (Михáйло) - Mikhail
27. міцнúй - starker
28. мóре - das Meer
29. нáдто, занáдто - zu; занáдто дорогúй - zu teuer
30. насíння - das Saatgut
31. натискáючи ногóю - tretend
32. нестú - bringen in Händen; вeзтú - transportieren
33. п'ятий - fünfter
34. перевіряти - kontrollieren
35. перéдній - vorn
36. піднімáти - heben
37. підходящий - passend
38. пливтú - schwimmen, treiben
39. повíльно - langsam
40. пóле - das Feld
41. починáти - anfangen
42. прибýти - ankommen
43. роботодáвець - der Arbeitgeber
44. розвантáжувати - abladen
45. сúла - die Stärke
46. спочáтку - erst
47. сьóмий - siebter
48. трéтій - dritter
49. трóхи - ein bisschen
50. хвúля - die Welle
51. хитáючись - schaukelnd
52. чекáти - warten
53. четвéртий - vierter
54. шóстий - sechster
55. шукáти - suchen
56. ящик - die Kiste

Пáша і Рóберт мúють вантажíвку (частúна 1)

Пáша й Рóберт тепéр працюють на фéрмі. Вонú працюють три чи чотúри годúни щодня. Робóта дóсить важкá. Вонú

Pascha und Robert waschen den Laster (Teil 1)

Pascha und Robert arbeiten jetzt auf einem Bauernhof. Sie arbeiten drei, vier Stunden am Tag. Die Arbeit ist ziemlich

пови́нні вико́нувати щодня́ бага́то робо́ти. Вони́ прибира́ють на фе́рмі че́рез день. Вони́ ми́ють фе́рмерські маши́ни оди́н раз у три дні. Раз у чоти́ри дні вони́ працю́ють на фе́рмерському по́лі. Їхнього роботода́вця звуть Михаї́л Кре́пкий. Пан Кре́пкий вла́сник фе́рми, і він вико́нує бі́льшу части́ну робо́ти. Михаї́л Кре́пкий працю́є бага́то. Він та́кож дає бага́то робо́ти Па́ші й Ро́берту.

«Ей, хло́пці, закі́нчуйте ми́ти маши́ни, візьмі́ть вантажі́вку та ї́дьте на тра́нспортну фі́рму «Рапі́д», ка́же Михаї́л Кре́пкий, «У них є для ме́неванта́ж. Заванта́жте я́щики з насі́нням у вантажі́вку, привезі́ть на фе́рму й розванта́жте на фе́рмерському подві́р'ї. Зробі́ть це шви́дко, тому́ що мені́ потрі́бно ви́користати насі́ння сього́дні. І не забу́дьте поми́ти вантажі́вку».

«До́бре», - ка́же Па́ша. Вони́ закі́нчують ми́ти й сіда́ють у вантажі́вку. У Па́ші є воді́йські права́, тому́ він веде́ вантажі́вку. Він заво́дить двигу́н і їде спочáтку пові́льно че́рез фе́рмерське подві́р'я, по́тім шви́дко по доро́зі. Тра́нспортна фі́рма «Рапі́д» знахо́диться неподалі́к від фе́рми. Вони́ приї̈жджа́ють туди́ за п'ятна́дцять хвили́н. Там вони́ шука́ють наванта́жні две́рі но́мер де́сять. Па́ша обере́жно веде́ вантажі́вку по наванта́жному подві́р'ю. Вони́

schwer. Sie müssen jeden Tag viel arbeiten. Sie machen den Hof jeden zweiten Tag sauber. Sie putzen die Maschinen jeden dritten Tag. Jeden vierten Tag arbeiten sie auf den Feldern. Ihr Arbeitgeber heißt Mikhail Krepki. Herr Krepki ist der Besitzer des Bauernhofs und er macht die meiste Arbeit. Herr Krepki arbeitet sehr hart. Er gibt Pascha und Robert auch viel Arbeit.

„Hey Jungs, macht die Maschinen fertig sauber und fahrt dann mit dem Laster zur Transportfirma Rapid“, sagt Herr Krepki. „Sie haben eine Ladung für mich. Ladet die Kisten mit dem Saatgut auf den Laster, bringt sie zum Bauernhof und ladet sie auf dem Hof ab. Beeilt euch, denn ich brauche das Saatgut heute. Und vergesst nicht, den Laster zu waschen.“

„Okay“, sagt Pascha. Sie machen die Maschine fertig sauber und steigen in den Laster. Pascha hat einen Führerschein, deswegen fährt er. Er macht den Motor an, fährt erst langsam durch den Hof und dann schnell die Straße entlang. Die Transportfirma Rapid ist nicht weit vom Bauernhof. Sie kommen dort nach fünfzehn Minuten an. Dort suchen sie die Verladetür Nummer zehn. Pascha fährt den Laster vorsichtig über den Hof. Sie fahren an

проїжджа́ють повз пе́рші две́рі, повз дру́гі две́рі, повз тре́ті, повз четве́рті, повз п'я́ті, повз шо́сті, повз сьо́мі, повз во́сьмі, по́тім повз дев'я́ті наванта́жні две́рі. Па́ша під'їжджа́є до деся́тих наванта́жних двере́й і гальму́є.

«Споча́тку ми пови́нні переві́рити наванта́жний спи́сок», - гово́рить Ро́берт, у яко́го вже́ є до́свід з наванта́жними спи́сками в цій тра́нспортній фі́рмі. Він іде́ до ванта́жника, яки́й працю́є на цих две́рях, і дає́ йому́ наванта́жний спи́сок. Ванта́жник шви́дко заванта́жує п'ять я́щиків у ї́хню вантажі́вку. Ро́берт ува́жно переві́ряє я́щики. Всі я́щики ма́ють номери́ з наванта́жного спи́ску.

«Номери́ пра́вильні. Тепе́р ми мо́жемо ї́хати», - гово́рить Ро́берт.

«Поря́док, - гово́рить Па́ша і заво́дить двигу́н. - Я ду́маю, що тепе́р ми мо́жемо поми́ти вантажі́вку. Неподалі́к звідси є підходя́ще мі́сце».

За п'ять хвилин вони́ приїжджа́ють на бе́рег мо́ря.

«Ти хо́чеш поми́ти вантажі́вку тут?» - запи́тує Ро́берт здиво́вано.

«Авже́ж! Га́рне мі́сце, пра́вда?» - гово́рить Па́ша.

«А де ми візьме́мо відро́?» - запи́тує Ро́берт.

der ersten Verladetür vorbei, an der zweiten, an der dritten, an der vierten, an der fünften, an der sechsten, an der siebten, an der achten und dann an der neunten. Pascha fährt zur zehnten Verladetür und hält an.

„Wir müssen erst die Ladeliste kontrollieren“, sagt Robert, der schon Erfahrung mit den Ladelisten in dieser Firma hat. Er geht zum Verlader, der an der Tür arbeitet, und gibt ihm die Ladeliste. Der Verlader lädt schnell fünf Kisten in ihren Laster. Robert kontrolliert die Kisten sorgfältig. Alle Kisten haben Nummern von der Ladeliste.

„Die Nummern stimmen. Wir können jetzt gehen“, sagt Robert.

„Okay“, sagt Pascha und macht den Motor an. „Ich denke, wir können jetzt den Laster waschen. Nicht weit von hier ist ein passender Ort“.

Nach fünf Minuten kommen sie an die Küste.

„Willst du den Laster hier waschen?“, fragt Robert überrascht.

„Ja! Schöner Platz, nicht?“, sagt Pascha.

„Und woher bekommen wir einen Eimer?“, fragt Robert.

„Wir brauchen keinen Eimer. Ich fahre

«Нам не тре́ба відро́. Я під'ї́ду ду́же бли́зько до мо́ря. Ми бу́демо бра́ти во́ду з мо́ря», - ка́же Па́ша й під'їжджа́є ду́же бли́зько до води́. Пере́дні коле́са в'їжджа́ють у во́ду й хви́лі набіга́ють на них.

«Дава́й ви́йдемо й почне́мо ми́ти», - гово́рить Ро́берт.

«Почека́й хвили́нку. Я під'ї́ду тро́хи бли́жче, - гово́рить Па́ша й проїжджа́є оди́н чи два ме́три да́лі. - Ось так кра́ще».

По́тім вели́ка хви́ля набіга́є, і вода́ тро́хи підніма́є вантажі́вку й пові́льно несе́ її да́лі в мо́ре.

«Стоп! Па́шо, зупини́ вантажі́вку! - кричи́ть Ро́берт, - ми вже́ у воді! Будь ла́ска, зупини́ її́!»

«Вона́ не зупиня́ється! - кричи́ть Па́ша, натиска́ючи ного́ю на гальмо́ зі всіє́ї си́ли. - Я не можу́ зупини́ти її́!!!»

Вантажі́вка пові́льно пливе́ да́лі в мо́ре, похи́туючись на хви́лях, як мале́нький корабе́ль.

(далі буде)

ganz nah ans Meer. Wir nehmen das Wasser aus dem Meer", sagt Pascha und fährt ganz nah ans Wasser. Die Vorderräder stehen im Wasser und die Wellen umspülen sie.

„Lass uns aussteigen und anfangen, zu waschen", sagt Robert.

„Warte kurz, ich fahre noch etwas näher ran", sagt Pascha und fährt ein, zwei Meter weiter. „So ist es besser."

Da kommt eine größere Welle und das Wasser hebt den Laster ein bisschen nach oben und trägt ihn langsam weiter ins Meer.

„Stopp! Pascha, halte den Laster an!", ruft Robert. „Wir sind schon im Wasser! Bitte, halt an!"

„Er hält nicht an!", ruft Pascha und tritt mit aller Kraft die Bremse. „Ich kann ihn nicht anhalten."

Der Laster treibt langsam weiter aufs Meer und schaukelt auf den Wellen wie ein kleines Schiff.

(Fortsetzung folgt)

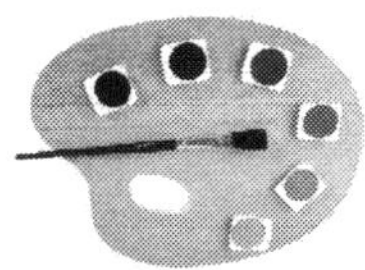

20

Па́ша і Ро́берт ми́ють вантажі́вку (части́на 2)

Pascha und Robert waschen den Laster (Teil 2)

A

Слова́

1. ава́рія - der Unfall
2. бе́рег - die Küste
3. були́ - waren
4. вби́вця - der Mörder
5. відбува́тися - passieren; відбуло́ся, ста́лося - passiert
6. відно́влення - die Genesung, Rehabilitation
7. відно́влювати - gesund pflegen
8. відпуска́ти - freisetzen
9. ві́тер - der Wind
10. влі́во / налі́во / ліво́руч - links
11. впра́во / напра́во / право́руч - rechts
12. годува́ти - füttern
13. гро́ші - das Geld
14. два́дцять п’ять - fünfundzwanzig
15. дивови́жний - wunderbar
16. для, на - für
17. до - zuvor, bevor

18. дороги́й - lieber, liebe; teuer
19. журналі́ст - der Journalist
20. забру́днювати - verschmutzen
21. за́втра - morgen
22. зану́рюватися - sinken, eintauchen
23. звільни́ти - feuern
24. керува́ти - lenken
25. кит - der Wal; кит-вби́вця - der Schwertwal
26. контро́ль - die Kontrolle
27. котри́й - der, die, das (konj.)
28. (мені́) ціка́во - ich frage mich
29. на́фта - das Öl
30. ніко́ли - nie
31. пан Соколо́в - Hr. Sokolov
32. пла́вати - schwimmen
33. пливу́чий - schwimmender, treibender
34. повідо́млювати - informieren, mitteilen
35. пості́йний - beständig
36. почи́стив - säuberte
37. при́клад - das Beispiel; напри́клад - zum Beispiel
38. проковтну́ти - (hinunter)schlucken
39. промо́ва - die Rede
40. птах - der Vogel
41. рятува́льна слу́жба - der Rettungsdienst
42. рятува́ти - retten
43. ситуа́ція - die Situation
44. смія́тися - lachen
45. та́нкер - der Tanker
46. те́чія - der Fluss
47. ти́сяча - eintausend
48. (тому́) наза́д - vor; рік (тому́) наза́д - vor einem Jahr
49. фотографува́ти / зніма́ти - fotografieren; фотогра́фія / зні́мок - die Fotografie; фото́граф - der Fotograf
50. хоті́в - wollte
51. церемо́нія - die Feier

B

Па́ша і Ро́берт ми́ють вантажі́вку (части́на 2)

Вантажі́вка пові́льно пливе́ да́лі в мо́ре, погойдуючись на хви́лях, як мале́нький корабе́ль. Па́ша керу́є впра́во і влі́во, натиска́ючи на гальмо́ й на газ. Але він не мо́же контролюва́ти

Pascha und Robert waschen den Laster (Teil 2)

Der Laster treibt langsam weiter aufs Meer und schaukelt auf den Wellen wie ein kleines Schiff. Pascha lenkt nach links und nach rechts, während er auf die Bremse und aufs Gas tritt. Aber er kann den Laster

вантажі́вку. Си́льний ві́тер несе́ її́ вздо́вж бе́рега. Па́ша й Ро́берт не зна́ють, що роби́ти. Вони́ про́сто сидя́ть і ди́вляться з вікна́. Морська́ вода́ почина́є текти́ всере́дину.

«Дава́й ви́йдемо й ся́демо на дах», - ка́же Ро́берт.

Вони́ сіда́ють на дах.

«Мені́ ціка́во, що ска́же пан Кре́пкий?» - гово́рить Ро́берт.

Вантажі́вка повільно пливе́ ме́трах у двадцяти́ від бе́рега. Лю́ди на бе́резі зупиня́ються й здиво́вано ди́вляться на не́ї.

«Пан Кре́пкий мо́же звільни́ти нас», - відповіда́є Па́ша.

Тим часом керівни́к університе́ту пан Соколо́в прихо́дить у свій о́фіс. Секрета́р гово́рить йому́, що сього́дні бу́де церемо́нія. Бу́дуть відпуска́ти на во́лю двох птахів після віднов́лення. Працівники́ реабілітаці́йного це́нтру зчи́стили з них на́фту після катастро́фи з та́нкером «Ве́ликий Забру́днювач», яка́ ста́лася мі́сяць тому́. Пан Соколо́в пови́нен зроби́ти там промо́ву. Церемо́нія почина́ється за два́дцять п'ять хвили́н. Пан Соколо́в і його́ секрета́р беру́ть таксі́ й за де́сять хвили́н приї́жджа́ють до мі́сця церемо́нії. Ці два птахи́ вже там. Тепе́р

nicht kontrollieren. Ein starker Wind trägt ihn die Küste entlang. Pascha und Robert wissen nicht, was sie tun sollen. Sie sitzen einfach da und schauen aus dem Fenster. Das Meerwasser beginnt, in den Laster zu laufen.

„Lass uns nach draußen gehen und uns aufs Dach setzen“, sagt Robert.

Sie setzen sich aufs Dach.

„Ich frage mich, was Herr Krepki sagen wird“, sagt Robert.

Der Laster treibt langsam etwa zwanzig Meter von der Küste entfernt. Einige Leute an der Küste bleiben stehen und schauen verwundert.

„Herr Krepki wird uns wohl feuern“, antwortet Pascha.

In der Zwischenzeit kommt der Direktor der Universität, Herr Sokolov, in sein Büro. Die Sekretärin sagt ihm, dass es heute eine Feier gibt. Sie werden zwei Vögel nach deren Genesung freisetzen. Arbeiter des Rehabilitationszentrums haben sie nach dem Unfall mit dem Tanker Gran Polución von Öl gesäubert. Der Unfall passierte vor einem Monat. Herr Sokolov muss dort eine Rede halten. Die Feier beginnt in fünfundzwanzig Minuten.

Herr Sokolov und seine Sekretärin nehmen ein Taxi und kommen nach zehn Minuten am Ort der Feier an. Die zwei Vögel sind

вони́ не такі́ білі, як зазвича́й. Але́ тепе́р вони́ зно́ву мо́жуть літа́ти й пла́вати. Тут за́раз бага́то люде́й, журналі́стів і фото́графів. За дві хвили́ни церемо́нія почина́ється. Пан Соколо́в почина́є промо́ву.

«Дорогі́ дру́зі!» - гово́рить він, «Катастро́фа з та́нкером «Вели́кий Забру́днювач» ста́лася на цьо́му мі́сці мі́сяць тому́. Тепе́р ми пови́нні віднови́ти бага́то птахі́в і твари́н. Це ко́штує бага́то гро́шей. Напри́клад, відно́влення ко́жного із цих двох птахі́в ко́штує дві тисячі гривень! І тепе́р я ра́дий повідо́мити вам, що пі́сля мі́сяця відно́влення ці два дивови́жні птахи́ бу́дуть відпу́щені».

Дві люди́ни беру́ть я́щик із птаха́ми, несу́ть його́ до води́ й відкрива́ють. Птахи́ вихо́дять з я́щика й по́тім стриба́ють у во́ду й пливу́ть.

Фото́графи ро́блять зні́мки. Журналі́сти розпи́тують працівникі́в відно́влювального це́нтру твари́н.

Знена́цька виплива́є вели́кий кит-вбивця, шви́дко проко́втує птахі́в і зно́ву зану́рюється. Всі люди ди́вляться на те мі́сце, де до цьо́го були́ птахи́. Керівни́к університе́ту не ві́рить свої́м оча́м. Кит-вбивця сплива́є зно́ву в по́шуках і́нших птахі́в. Че́рез

bereits da. Jetzt sind sie nicht so weiß wie normalerweise. Aber sie können wieder schwimmen und fliegen. Es sind viele Menschen, Journalisten und Fotografen da. Zwei Minuten später beginnt die Feier. Herr Sokolov beginnt seine Rede.

„Liebe Freunde“, sagt er. „Vor einem Monat passierte an dieser Stelle der Unfall mit dem Tanker Gran Pollución. Wir müssen jetzt viele Vögel und Tiere gesund pflegen. Das kostet viel Geld. Die Rehabilitation dieser zwei Vögel zum Beispiel kostet zweitausend Hrywnja! Und es freut mich, Ihnen mitteilen zu können, dass diese zwei wunderbaren Vögel nach einem Monat Rehabilitation freigesetzt werden.“

Zwei Männer nehmen die Kiste mit den Vögeln, bringen sie zum Wasser und öffnen sie. Die Vögel kommen aus der Kiste, springen ins Wasser und schwimmen.

Die Fotografen machen Fotos. Die Journalisten befragen Arbeiter des Rehabilitationszentrums über die Tiere.

Plötzlich taucht ein großer Schwertwal auf, schluckt schnell die zwei Vögel hinunter und verschwindet wieder. Alle Leute schauen auf die Stelle, an der die Vögel zuvor gewesen waren. Der Direktor der Universität traut seinen Augen nicht. Der Schwertwal taucht wieder auf und sucht nach mehr Vögeln. Da es keine Vögel mehr

те, що більше птахів немáє, він знóву йде під вóду. Пан Соколóв тепéр повúнен закінчити свою промóву.

«Е-е..., - він підбирáє підходя́щі словá. - Дивовúжний постíйний плин життя́ нікóли не зупиня́ється. Більші тварúни їдя́ть мéнших тварúн і так дáлі.. е-е.. що це?» - говóрить він, дúвлячись на вóду. Всі дúвляться тудú й бáчать велúку вантажíвку, якá пливé вздóвж бéрега й погóйдується на хвúлях, нáче корабéль. Два хлóпці сидя́ть на ній і дúвляться на місце церемóнії.

«Здрáстуйте пáне Соколóв, - говóрить Рóберт. - Навіщо Ви годýєте китів-убúвць птахáми?»

«Здрáстуй Рóберте, - відповідáє пан Соколóв. - Що ви там рóбите, хлóпці?»

«Ми хотіли помúти вантажíвку», - відповідáє Пáша.

«Розумію», - говóрить пан Соколóв. Дéяких людéй ця ситуáція починáє смішúти. Вонú починáють сміятися.

«Ну що ж, зáраз я вúкличу рятувáльну слýжбу. Вонú дістáнуть вас із водú. А зáвтра я хóчу бáчити вас у моéму óфісі», - говóрить керівнúк университéту і телефонýє у рятувáльну слýжбу.

gibt, verschwindet er wieder. Herr Sokolov muss seine Rede beenden.

„Ähm...“, er sucht nach passenden Worten. „Der wundervolle, beständige Fluss des Lebens hört nie auf. Größere Tiere essen kleinere Tiere und so weiter...ähm..was ist das?“, fragt er aufs Wasser schauend. Alle schauen aufs Wasser und sehen einen großen Laster, der die Küste entlang treibt und auf den Wellen schaukelt wie ein Schiff. Zwei Jungen sitzen auf ihm und schauen zum Platz der Feier.

„Hallo Herr Sokolov“, sagt Robert. „Warum füttern Sie Schwertwale mit Vögeln?“

„Hallo Robert“, antwortet Herr Sokolov. „Was macht ihr da, Jungs?“

„Wir wollten den Laster waschen“, sagt Pascha.

„Alles klar“, sagt Herr Sokolov. Einige Leute beginnen, an der Situation ihren Spaß zu haben. Sie fangen an, zu lachen.

„Gut, ich rufe jetzt den Rettungsdienst. Der wird euch aus dem Wasser holen. Und ich möchte euch morgen in meinem Büro sehen“, sagt der Direktor der Universität und ruft den Rettungsdienst.

21

Уро́к

Eine Unterrichtsstunde

A

Слова́

1. ба́нка - der Krug
2. батьки́ - die Eltern
3. без - ohne
4. ва́жливий - wichtig
5. всé ще - noch, weiterhin
6. втрача́ти, губи́ти - verlieren
7. ді́йсно - wirklich
8. ді́ти - die Kinder
9. друг - der Freund
10. завжди́ - immer
11. залиша́тися - bleiben
12. здоро́в'я - die Gesundheit
13. злéгка - leicht
14. ка́мінь - der Stein
15. клас - die Klasse
16. лишé - nur
17. малéнький - klein
18. меди́чний - medizinisch

19. ме́нше, ме́нш - weniger
20. між - zwischen
21. піклува́тися - sich kümmern um
22. пісо́к - der Sand
23. по́друга - die Freundin
24. прибра́ти / прибира́ти - wegnehmen
25. приділя́ти час - Zeit zuteilen / finden
26. пусти́й, поро́жній - leer
27. річ, предме́т - das Ding, die Sache
28. си́пати, насипа́ти - schütten, gießen
29. спо́сіб - Art und Weise
30. телеба́чення - der Fernseher
31. тра́тити - ausgeben, verwenden
32. ува́га - die Aufmerksamkeit
33. це речі- diese Dinge
34. ща́стя - das Glück
35. ще - noch
36. що-не́будь, щось - etwas

 B

Уро́к

Кері́вник університе́ту стої́ть пе́ред кла́сом. На столі́ пе́ред ним кі́лька коро́бок й і́нших предме́тів. Коли́ урок почина́ється, він бере́ вели́ку поро́жню ба́нку й без слів напо́внює її вели́ким камі́нням.

«Ви ду́маєте, ця ба́нка вже по́вна?» - запи́тує пан Соколо́в студе́нтів.

«Так», - пого́джуються студе́нти.

Тоді́ він бере́ коро́бку з ду́же мале́ньким камі́нням і насипа́є його́ у ба́нку. Він зле́гка трясе́ ба́нку. Мале́ньке камі́ння, звича́йно, запо́внює мі́сце між вели́ким камі́нням.

«Що ви ду́маєте тепе́р? Ба́нка вже по́вна,

Eine Unterrichtsstunde

Der Direktor der Universität steht vor der Klasse. Auf dem Tisch vor ihm liegen Kisten und andere Dinge. Als der Unterricht beginnt, nimmt er einen großen, leeren Krug und füllt ihn wortlos mit großen Steinen.

„Meint ihr, dass der Krug schon voll ist?“, fragt Herr Sokolov die Studenten.

„Ja, das ist er“, stimmen die Studenten zu.

Da nimmt er eine Kiste mit sehr kleinen Steinen und schüttet sie in den Krug. Er schüttelt den Krug leicht. Die kleinen Steine füllen natürlich den Platz zwischen den großen Steinen.

„Was meint ihr jetzt? Der Krug ist voll,

чи не так?» - пан Соколо́в запи́тує їх знóву.

«Так. Тепе́р вонá пóвна», - погóджуються студéнти знóву. Їм цей урóк починáє подóбатися. Вони́ починáють сміятися.

Пóтім пан Соколóв берé корóбку з піскóм і висипáє йогó в бáнку. Пісóк, звичáйно, запóвнює рéшту мíсця.

«Тепéр я хóчу, щоб ви подýмали про цю бáнку, як про життя́ люди́ни. Вели́ке камíння - це важли́ві рéчі, вáша роди́на, ваш хлóпець або дíвчина, вáше здорóв'я, вáші дíти, вáші батьки́ - ті рéчі, котрí, якщó ви все втрáтите й зали́шаться лишé вони́, все однó бýдуть роби́ти вáше життя́ пóвним. Малéньке камíння - це íнші рéчі, котрí мéнш важли́ві. Це такí рéчі, як ваш буди́нок, вáша робóта, вáша маши́на. Пісóк - це вся рéшта, дрíб'язки. Якщó ви спочáтку помíстите пісóк у бáнку, то не зали́шиться мíсця для малéнького абó вели́кого камíння. Так сáмо й у життí. Якщó ви витрачáєте весь свій час і енéргію на дрíб'язки, у вас нікóли не бýде мíсця для речéй, які важли́ві для вас. Приділя́йте увáгу речáм, які найбíльш важли́ві для вáшого щáстя. Грáйте зі своїми дíтьми або батькáми. Приділя́йте час для прохóдження меди́чних перевíрок. Зводíть свогó дрýга абó пóдругу в кафé. Завжди́ бýде час, щоб пітú на робóту,

„Ist er voll, oder nicht?", fragt Herr Sokolov sie wieder.

„Ja, das ist er. Er ist jetzt voll", stimmen die Studenten wieder zu. Der Unterricht beginnt, ihnen Spaß zu machen. Sie lachen.

Da nimmt Herr Sokolov eine Kiste mit Sand und schüttet ihn in den Krug. Der Sand füllt natürlich den restlichen Platz.

„Jetzt möchte ich, dass ihr in diesem Krug das Leben seht. Die großen Steine sind wichtige Dinge - eure Familie, eure Freundin oder euer Freund, Gesundheit, Kinder, Eltern - Dinge, die euer Leben, wenn ihr alles verliert und nur sie bleiben, weiterhin füllen. Kleine Steine sind andere Dinge, die weniger wichtig sind. Dinge wie euer Haus, Job, Auto. Der Sand ist alles andere - die kleinen Dinge. Wenn ihr zuerst Sand in den Krug füllt, bleibt kein Platz für kleine oder große Steine. Das Gleiche gilt fürs Leben. Wenn ihr eure ganze Zeit und Energie für die kleinen Dinge verwendet, werdet ihr nie Platz für die Dinge haben, die euch wichtig sind. Achtet auf Dinge, die für euer Glück am wichtigsten sind. Spielt mit euren Kindern oder Eltern. Nehmt euch die Zeit für medizinische Untersuchungen. Geht mit eurer Freundin oder eurem Freund ins Café. Es wird immer Zeit bleiben, um zu arbeiten,

прибра́ти в до́мі й подиви́тися телеві́зор, - гово́рить пан Соколо́в. - Піклу́йтеся спочáтку про вели́ке камі́ння - ре́чі, котрі́ ді́йсно важли́ві. Вся ре́шта лише́ пісо́к, - він ди́виться на студе́нтів. - Тепе́р, Ро́берте і Па́шо, що важливі́ше для вас - ми́ти вантажі́вку чи ва́ші життя́? Ви пла́ваєте на вантажі́вці по мо́рю, як на кораблі́, лише́ тому́, що ви хоті́ли поми́ти цю вантажі́вку. Ви вважа́єте, що нема́є і́ншого спо́собу поми́ти її?»

«Ні, ми так не ду́маємо», - гово́рить Па́ша.

«Ви мо́жете поми́ти вантажі́вку на ми́йній ста́нції, чи не так?» - гово́рить пан Соколо́в.

«Авже́ж, це так», - ка́жуть студе́нти.

«Ви завжди́ пови́нні ду́мати пе́ред тим, як зроби́ти щось. Ви завжди́ пови́нні піклува́тися про вели́ке камі́ння, пра́вильно?»

«Так», - відповіда́ють студе́нти.

das Haus zu putzen oder fernzusehen", sagt Herr Sokolov. „Kümmert euch erst um die großen Steine - um die Dinge, die wirklich wichtig sind. Alles andere ist nur Sand", er schaut die Studenten an. „Nun, Robert und Pascha, was ist euch wichtiger - einen Laster zu waschen oder euer Leben? Ihr treibt auf einem Laster im Meer wie auf einem Schiff, nur weil ihr den Laster waschen wolltet. Glaubt ihr, dass es keine andere Möglichkeit gibt, ihn zu waschen?"

„Nein, das glauben wir nicht", sagt Pascha.

„Man kann einen Laster stattdessen in einer Waschanlage waschen, nicht wahr?", sagt Herr Sokolov.

„Ja, das kann man", sagen die Studenten.

„Ihr müsst immer erst nachdenken, bevor ihr handelt. Ihr müsst euch immer um die großen Steine kümmern, okay?"

„Ja, das müssen wir", antworten die Studenten.

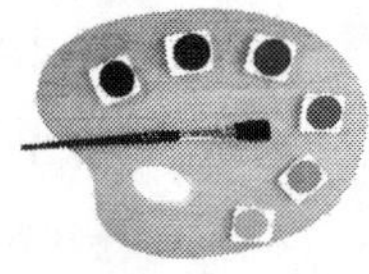

22

Крі́стіан працю́є у видавни́цтві

Kristian arbeitet in einem Verlag

A

Слова́

1. автовідповіда́ч - der Anrufbeantworter
2. важки́й - schwer
3. відмовля́ти(-ся) - ablehnen
4. змі́ння, на́вичка - die Fähigkeit
5. вті́шний, куме́дний - lustig
6. газе́та - die Zeitung
7. гото́вий - fertig
8. гра́ - das Spiel
9. дзвони́ти - anrufen
10. дощ- der Regen
11. журна́л - die Zeitschrift
12. за́мість (+Genitive) - anstelle
13. запи́сувати - aufnehmen
14. зна́чити, означа́ти - bedeuten
15. і так да́лі - usw.
16. істо́рія - die Geschichte
17. клiє́нт - der Kunde
18. компа́нія - die Firma
19. координа́ція - die Koordination

20. люди́на - der Mensch; лю́дський - menschlich
21. майбу́тній - zukünftig
22. мінімум - wenigstens
23. можли́вий - möglich
24. на ву́лиці - draußen
25. ніс - die Nase
26. ніхто́ - niemand
27. нічого́ / ніщо́ - nichts
28. оскі́льки - da, weil
29. особли́во - vor allem
30. отри́мати, оде́ржати - bekommen
31. пе́ред - gegen, vor, bevor
32. переконá́тися - eine Überzeugung gewinnen
33. під чáс - zu Zeiten
34. підійти́ для… - geeignet sein für…
35. прá́вило - die Regel
36. приві́т, здоро́в - hallo
37. прогу́лянка - Spaziergang
38. продавá́ти - verkaufen
39. профе́сія - der Beruf
40. рі́зний - verschieden
41. розвивá́ти - entwickeln
42. розмовля́ти´- sich unterhalten
43. світ - die Welt
44. сигнá́л - der Piepton
45. склá́сти / складá́ти - entwerfen, verfassen
46. сон - schlafen
47. creо́рювати, справля́ти - herstellen
48. сумни́й - traurig
49. схо́ди / схі́дці - die Treppe
50. твір, компози́ція - der Entwurf, der Text
51. тво́рчий - kreativ
52. те́кст - der Text
53. те́мний - dunkel
54. три́дцять - dreißig
55. холо́дний - kalt; хо́лод - die Kälte
56. як мо́жна часті́ше / якнайчасті́ше - so oft wie möglich
57. як що́до…? - was ist mit…?

B

Крі́стіан працю́є у видавни́цтві

Крі́стіан працю́є молодши́м помічнико́м у видавни́цтві «Все підря́д». Він вико́нує письмо́ву робо́ту.

«Крі́стіане, нá́зва нá́шої фі́рми "Все підря́д", - кá́же керівни́к фі́рми пан Лис.

Kristian arbeitet in einem Verlag

Kristian arbeitet als junger Helfer im Verlag All-Round. Er erledigt Schreibarbeiten.

„Kristian, unsere Firma heißt All-Round“, sagt der Firmenchef Herr Lis. „Und das

- І це означа́є, що ми мо́жемо зроби́ти будь-яки́й те́кстовий твір і диза́йнерську робо́ту для будь-яко́го кліє́нта. Ми отри́муємо бага́то замо́влень від газе́т, журна́лів та інших кліє́нтів. Усі замо́влення різні, але ми ніко́ли не відмовля́ємося».

Крістіану ду́же подо́бається ця робо́та, тому́ що він мо́же розвива́ти свої́ тво́рчі здібності. Він лю́бить тво́рчу робо́ту таку́, як письмо́ві компози́ції й диза́йн. Че́рез те, що він вивча́є диза́йн в університе́ті, то це ду́же підходя́ща робо́та для його́ майбу́тньої профе́сії.

Сього́дні в па́на Ли́са є кілька нови́х завда́нь для ньо́го.

«У нас є кілька замо́влень. Ти мо́жеш зроби́ти два з них, - гово́рить пан Лис. - Пе́рше замо́влення від телефо́нної компа́нії. Вони́ ро́блять телефо́ни з автовідповідача́ми. Їм потрі́бні смішні те́ксти для автовідповідачів. Ніщо́ не продає́ться кра́ще, ніж смішні ре́чі. Будь ла́ска, склади́ чоти́ри або п'ять те́кстів».

«Наскільки до́вгими вони́ пови́нні бу́ти?» - запи́тує Крістіан.

«Вони́ мо́жуть бу́ти від п'яти́ до тридцяти́ слів, - відповіда́є пан Лис. - А дру́ге замо́влення - з журна́лу „Зеле́ний світ". Цей журна́л пи́ше про твари́н, птахів, риб і так да́лі. Їм потрі́бен текст

heißt, dass wir für jeden Kunden jede Art von Text und Design entwickeln können. Wir bekommen viele Aufträge von Zeitungen, Zeitschriften und anderen Kunden. Alle Aufträge sind verschieden, aber wir lehnen nie einen ab."

Kristian mag diesen Job sehr, da er kreative Fähigkeiten entwickeln kann. Kreative Arbeit wie Schreiben und Design gefällt ihm. Da er Design an der Universität studiert, ist es ein passender Job für seinen zukünftigen Beruf.

Heute hat Herr Lis neue Aufgaben für ihn.

„Wir haben einige Aufträge. Du kannst zwei davon erledigen", sagt Herr Lis. „Der erste Auftrag ist von einer Telefonfirma. Sie stellen Telefone mit Anrufbeantwortern her. Sie brauchen ein paar lustige Texte für die Anrufbeantworter. Nichts verkauft sich besser als etwas Lustiges. Entwirf bitte vier, fünf Texte."

„Wie lang sollen sie sein?", fragt Kristian.

„Sie können fünf bis dreißig Wörter haben", antwortet Herr Lis. „Der zweite Auftrag ist von der Zeitung ‚Grüne Welt'. Diese Zeitung schreibt über Tiere, Vögel, Fische usw. Sie brauchen einen Text über irgendein Haustier. Er kann lustig oder traurig sein oder einfach eine Geschichte

про бу́дь-яку сві́йську твари́ну. Він мо́же бу́ти смішни́м чи сумни́м, або про́сто істо́рія про твою вла́сну твари́ну. У те́бе є твари́на?»

«Так. У ме́не є кіт. Його́ звуть Фавори́т, - відповіда́є Крі́стіан. - І я ду́маю, що змо́жу написа́ти істо́рію про його́ трю́ки. Коли́ це пови́нно бу́ти гото́ве?»

«Ці два замо́влення пови́нні бу́ти гото́ві до за́втрашнього дня», - відповіда́є пан Лис.

«До́бре. Мо́жна поча́ти за́раз?» - запи́тує Крі́стіан.

«Так, Крі́стіане», - гово́рить пан Лис.

Крі́стіан прино́сить те́ксти насту́пного дня. У ньо́го п'ять те́кстів для автовідповідачі́в. Пан Лис чита́є їх:

1. «Приві́т. Тепе́р ти скажи́ щось».

2. «Приві́т. Я автовідповіда́ч. А що ти?»

3. «Здра́стуйте. За́раз ніко́го нема́є до́ма, крім мо́го автовідповідача́. Тому́ ви мо́жете поговори́ти з ним за́мість ме́не. Чека́йте сигна́лу».

4. «Це не автовідповіда́ч. Це маши́на, що запи́сує думки́. Пі́сля сигна́лу поду́майте про своє́ ім'я́, про причи́ну дзвінка́ й про но́мер, куди́ я змо́жу подзвони́ти вам. А я поду́маю про те, чи дзвони́ти вам».

über dein eigenes Haustier. Hast du ein Haustier?"

„Ja, ich habe eine Katze. Sie heißt Favorite", antwortet Kristian. „Und ich denke, ich kann eine Geschichte über ihre Streiche schreiben. Wann sollen die Texte fertig sein?"

„Diese zwei Aufträge sollen bis morgen fertig sein", antwortet Herr Lis.

„Gut. Kann ich anfangen?", fragt Kristian.

„Ja", sagt Herr Lis.

Kristian bringt die Texte am nächsten Tag. Er hat fünf Texte für den Anrufbeantworter. Herr Lis liest sie:

1. „Hallo. Jetzt musst du etwas sagen".

2. „Hallo, ich bin ein Anrufbeantworter. Und was bist du?"

3. „Hallo. Außer meinem Anrufbeantworter ist gerade niemand zuhause. Du kannst dich mit ihm unterhalten. Warte auf den Piepton".

4. „Das ist kein Anrufbeantworter. Das ist ein Gedankenaufnahmegerät. Nach dem Piepton denke an deinen Namen, den Grund, aus dem du anrufst, und die Nummer, unter der ich dich zurückrufen kann. Und ich werde darüber nachdenken, ob ich dich zurückrufe."

5. „Sprechen Sie nach dem Piepton! Sie

5. «Говорі́ть пі́сля сигна́лу! У вас є пра́во мовча́ти. Я запишу́ й ви́користаю все, що ви ска́жете».

«Це непога́но. А як що́до твари́н?» - запи́тує пан Лис. Крі́стіан дає́ йому́ і́нший а́ркуш папе́ру. Пан Лис чита́є:

Кі́лька пра́вил для кі́шок

Прогу́лянка:

Якнайчасті́ше шви́дко бі́гайте якнайбли́жче пе́ред людьми́, осо́бливо на схі́дцях, коли́ у них є щось в рука́х, в те́мряві, та коли́ вони́ ті́льки вста́ли вра́нці. Це потрену́є ї́хню координа́цію.

В лі́жку:

Вночі́ завжди́ спі́ть на люди́ні. Так він або́ вона́ не змо́жуть поверну́тися в лі́жку. Намага́йтеся лежа́ти на його́ або́ її обли́ччі. Переконáйтеся, що ваш хві́ст на ї́хньому но́сі.

Сон:

Щоб ма́ти бага́то ене́ргії для і́гор, кі́шка пови́нна бага́то спа́ти (мі́німум шістна́дцять годи́н у де́нь). Це не ва́жко знайти́ підходя́ще мі́сце для сну. Піді́йде бу́дь-яке мі́сце, де лю́бить сиді́ти люди́на. Та́кож є га́рні місця́ на ву́лиці. Але́ ви не змо́жете викори́стовувати їх під час дощу́ або́ коли́ хо́лодно. За́мість цього ви мо́жете

haben das Recht, Ihre Aussage zu verweigern. Ich werde alles, was Sie sagen, aufzeichnen und verwenden."

„Nicht schlecht. Und was ist mit den Tieren?", fragt Herr Lis. Kristian gibt ihm ein anderes Blatt. Herr Lis liest:

Regeln für Katzen

Laufen:

Renne so oft wie möglich schnell und nahe an einem Menschen vorbei, vor allem: auf Treppen, wenn sie etwas tragen, im Dunkeln und wenn sie morgens aufstehen. Das trainiert ihre Koordination.

Im Bett:

Schlafe nachts immer auf dem Menschen, damit er sich nicht umdrehen kann. Versuche, auf seinem Gesicht zu liegen. Vergewissere dich, dass dein Schwanz genau auf seiner Nase liegt.

Schlafen:

Um genug Energie zum Spielen zu haben, muss eine Katze viel schlafen (mindestens 16 Stunden am Tag). Es ist nicht schwer, einen passenden Schlafplatz zu finden. Jeder Platz, an dem ein Mensch gerne sitzt, ist gut. Draußen gibt es auch viele gute Plätze. Du kannst sie aber nicht verwenden, wenn es regnet oder kalt ist. Du kannst stattdessen das offene Fenster

скориста́тися відчи́неними ві́кнами.

verwenden.

Пан Лис смі́ється.

Herr Lis lacht.

«Га́рна робо́та, Крі́стіане! Я ду́маю, журна́лу „Зеле́ний світ“ сподо́бається твоя́ компози́ція», - гово́рить він.

„Gute Arbeit, Kristian! Ich denke, die Zeitung ‚Grüne Welt' wird deinen Entwurf mögen", sagt er.

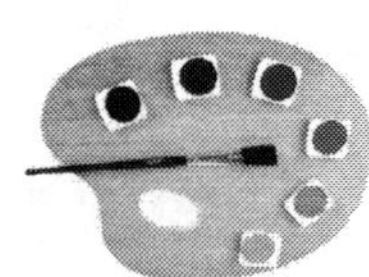

23

Пра́вила для кі́шок

Katzenregeln

A

Слова́

1. абсолю́тний / по́вний / цілковитий - absolut
2. втік / утік - lief weg
3. гість - der Gast
4. диви́тися - zuschauen
5. дити́на - das Kind
6. дома́шня робо́та - die Hausaufgaben
7. ду́маючи / гада́ючи - denkend
8. забу́ти - vergessen
9. за́гадка - das Rätsel
10. задово́лення - der Spaß
11. захопи́ти - erbeuten

12. ззáду - hinter
13. зрáзу - gleich
14. зумíти - schaffen
15. ї́жа - das Essen
16. íнколи, íноді, дéколи - manchmal, ab und zu
17. клавіатýра - die Tastatur
18. комáр - die Stechmücke
19. крáсти / цýпити - stehlen
20. крок - der Schritt
21. кусáти - beißen
22. любóв / кохáння - die Liebe; люби́ти / кохáти - lieben
23. мáло - wenig
24. наступáти - treten
25. ногá - das Bein
26. панікувáти - in Panik versetzen
27. планéта - der Planet
28. погóда - das Wetter
29. приготувáння ї́жі - das Kochen
30. прики́нутися / прикидáтися / придури́тися - vorgeben; so tun, als ob
31. примýсити / примýшувати - zwingen
32. сезóн - die (Jahres)zeit
33. секрéт - das Geheimnis
34. смачни́й - lecker
35. ставáти- werden
36. тарíлка - der Teller
37. тéрти(-ся) - reiben (sich)
38. туалéт - die Toilette
39. укриттý - die Abdeckung
40. ховáти(-ся) - sich verstecken; хóванки - das Versteckspiel
41. хочá - obwohl
42. цілувáти - küssen
43. читáння - das Lesen
44. читáючий - lesende
45. шанс - die Chance
46. шкóла - die Schule
47. що-нéбудь, щось - etwas

B

Прáвила для кішок

«Журнáл „Зелéний Світ" розмíщує нове замóвлення, - говóрить пан Лис Крíстіану настýпного дня. - І це замóвлення для тéбе, Крíстіане. Їм подóбається твій твір і вони́ хóчуть бíльший текст про „Прáвила для

Katzenregeln

„Die Zeitschrift ‚Grüne Welt' hat uns einen neuen Auftrag erteilt", sagt Herr Lis am nächsten Tag zu Kristian. "Und dieser Auftrag ist für dich. Ihnen hat dein Entwurf gefallen und sie wollen einen

кішок“».

Складáння цьóго тéксту займáє у Крíстіана два дні. Ось він.

Дéкілька секрéтних прáвил для кішок

Хочá кішки найкрáщі та найдивовúжніші тварúни на цій планéті, іноді вонú рóблять дúвні рéчі. Однóму з людéй вдалóся довідатися кілька Котя́чих Секрéтів. Це - дéкілька прáвил життя́, щоб захопúти світ! Алé як ці прáвила допомóжуть кішкам, усé ще залишáється пóвною зáгадкою для людей.

Вáнні кімнáти:

Завждú ходíть із гістьми у вáнну й туалéт. Вам не трéба нічóго робúти. Прóсто сидíть і дивíться й іноді тріться об ї́хні нóги.

Двéрі:

Всі двéрі повúнні бýти відчúнені. Щоб двері відчинúли, стíйте, сýмно дúвлячись на людéй. Колú вонú відчиня́ють двéрі, вам не обов’язкóво прохóдити в них. Після тóго, як ви відчúните такúм спóсобом двéрі на вýлицю, стáньте в двéрях і подýмайте про що-нéбудь. Це особлúво важлúво під час холóдної погóди, дощý або сезóну комарів.

längeren Text über ‚Katzenregeln‘.“

Kristian braucht zwei Tage für diesen Text. Hier ist er.

Geheime Regeln für Katzen

Obwohl Katzen die besten und wundervollsten Tiere auf diesem Planeten sind, tun sie manchmal sehr seltsame Dinge. Einem Menschen ist es gelungen, ein paar Katzengeheimnisse zu stehlen. Es sind Lebensregeln, um die Weltherrschaft zu übernehmen! Es bleibt jedoch ein Rätsel, wie diese Regeln den Katzen helfen sollen.

Badezimmer:

Gehe immer mit Gästen ins Badezimmer und auf die Toilette. Du musst nichts tun. Sitze einfach nur da, schaue sie an und reibe dich ab und zu an ihren Beinen.

Türen:

Alle Türen müssen offen sein. Um eine Tür zu öffnen, stelle dich mit einem traurigen Blick vor den Menschen. Wenn er eine Tür öffnet, musst du nicht durchgehen. Wenn du auf diese Weise die Haustür geöffnet hast, bleibe in der Tür stehen und denke nach. Das ist vor allem wichtig, wenn es sehr kalt ist oder regnet oder in der Stechmückenzeit.

Готува́ння ї́жі:

Завжди́ сиді́ть зра́зу поза́ду пра́вої ноги́ люди́ни, так, щоб вона́ не ба́чила вас. І тоді́ бу́де ви́щий шанс, що люди́на насту́пить на вас. Коли́ це відбува́ється, вони́ беру́ть вас на ру́ки і даю́ть пої́сти щось смачне́.

Kochen:

Setze dich immer genau hinter den rechten Fuß von kochenden Menschen. So können sie dich nicht sehen und die Chance ist größer, dass sie auf dich treten. Wenn das passiert, nehmen sie dich auf den Arm und geben dir etwas Leckeres zu essen.

Чита́ння книг:

Стара́йтеся підійти́ бли́жче до обли́ччя чита́ючої люди́ни, між очи́ма й кни́гою. Кра́ще за все лягти́ на кни́гу.

Lesen:

Versuche, nahe an das Gesicht der lesenden Person zu kommen, zwischen Augen und Buch. Am besten ist es, sich auf das Buch zu legen.

Шкільна́ дома́шня робо́та діте́й:

Ляга́йте на кни́ги й зо́шити та прики́ньтеся, що спите́. Але́ іноді стриба́йте на автору́чку. Куса́йтеся, якщо́ дити́на спро́бує прибра́ти вас зі сто́лу.

Hausaufgaben der Kinder:

Lege dich auf Bücher und Hefte und tue so, als ob du schläfst. Springe von Zeit zu Zeit auf den Stift. Beiße, falls ein Kind versucht, dich vom Tisch zu verscheuchen.

Комп'ютер:

Якщо́ люди́на працю́є на комп'ю́тері, стрибні́ть на стіл і пройді́ть по клавіату́рі.

Computer:

Wenn ein Mensch am Computer arbeitet, springe auf den Tisch und laufe über die Tastatur.

Ї́жа:

Кі́шки пови́нні ї́сти бага́то. Але́ ї́жа - лише́ полови́на задово́лення. Інша полови́на - до́бути ї́жу. Коли́ лю́ди їдя́ть, покладі́ть хвіст у ї́хню тарі́лку, коли́ вони́ не ди́вляться. Це дасть вам кра́щі ша́нси одержати по́вну тарі́лку ї́жі. Ніко́ли не ї́жте зі своє́ї вла́сної тарі́лки, якщо́ ви мо́жете взя́ти їжу зі

Essen:

Katzen müssen viel essen. Aber Essen ist nur der halbe Spaß. Die andere Hälfte ist, das Essen zu bekommen. Wenn Menschen essen, lege deinen Schwanz auf ihren Teller, wenn sie nicht hinschauen. Damit vergrößerst du deine Chancen, einen ganzen Teller Essen zu bekommen. Iss nie von deinem eigenen Teller, wenn du Essen

сто́лу. Ніко́ли не пи́йте зі своє́ї вла́сної тарі́лки з водо́ю, якщо́ ви мо́жете пи́ти із ча́шки люди́ни.

Хо́ванки:

Хова́йтеся в місця́х, де лю́ди не змо́жуть знайти́ вас кілька днів. Це зму́сить люде́й панікува́ти (вони́ це лю́блять), ду́маючи, що ви втеклі́. Колі́ ви ви́йдете з укриття́, лю́ди бу́дуть цілува́ти вас і пока́зувати свою́ любо́в. І ви змо́жете оде́ржати щось смачне́.

Лю́ди:

Завда́ння люде́й - годува́ти нас, гра́тися з на́ми й чи́стити наш я́щик. Важли́во, щоб вони́ не забува́ли, хто хазя́їн у до́мі.

vom Tisch nehmen kannst. Trink nie aus deiner eigenen Schüssel, wenn du aus der Tasse eines Menschen trinken kannst.

Verstecken:

Verstecke dich an Orten, an denen dich Menschen ein paar Tage lang nicht finden können. Das wird die Menschen in Panik versetzen (was sie lieben), weil sie glauben, dass du weggelaufen bist. Wenn du aus deinem Versteck hervorkommst, werden sie dich küssen und dir ihre Liebe zeigen. Und du bekommst vielleicht etwas Leckeres.

Menschen:

Die Aufgabe des Menschen ist, uns zu füttern, mit uns zu spielen und unsere Kiste sauber zu machen. Es ist wichtig, dass sie nicht vergessen, wer der Chef im Haus ist.

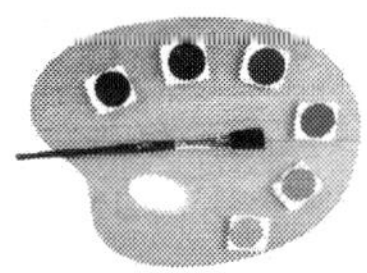

24

Робóта в комáнді

Gruppenarbeit

Словá

1. Бори́с Провóрнов - Boris Provornov
2. бýдь-який - jeder; оди́н з вас - einer von euch
3. вби́в - tötete, getötet (part.)
4. взя́ти учáсть - teilnehmen
5. викладáч - beibringen, lehren
6. війнá - der Krieg
7. вмирáти - sterben, вмер - starb
8. внáслідок, чéрез - wegen
9. до - bis, zu
10. (з)радíти - froh werden
11. закíнчив / заверши́в - machte fertig
12. згадáв - erinnerte sich
13. здáтися - aufgeben
14. земля́ - die Erde
15. знав - wusste
16. зни́щити - zerstören
17. зупини́в - beendete
18. інопланетя́нин / прибýлець - der Außerirdische

19. капітáн - der Kapitän
20. квíтка - die Blume
21. колéга - der Kollege
22. корóткий - kurz
23. космíчний корабéль - das Raumschiff
24. кóсмос - das Weltall
25. лáзер - der Laser
26. любúв - liebte, geliebt
27. мав - hatte, gehabt
28. мільярд - Billionen
29. напрáвив на - richtete
30. нáчебто - als ob
31. пáдати - fallen; упав - fiel
32. пéред тим, як - zuvor
33. пішóв - ging (weg)
34. повідóмив - informierte, teilte mit
35. подивúвся - sah, schaute, geschaut
36. полетів - flog weg
37. посміхнýвся - lächelte, gelächelt
38. почáв - begann, begonnen
39. працюючий - arbeitende
40. прекрáсний - wunderschön
41. прийшóв - kam, gekommen
42. продóвжити- fortführen
43. прóти - gegen
44. радáр - der Radar
45. рáдіо - das Radio
46. руйнувáти - zerstören
47. рýхався - bewegte sich
48. сад - der Garten
49. серіáл - die Serie
50. сказáв - sagte
51. скóро, невдóвзі - bald
52. спрúтний, жвáвий - schnelle
53. танцювáти - tanzen; танцювáв - tanzte; танцюючи - tanzend
54. телевíзор - der Fernseher
55. тúсяча - tausend
56. тряс(-ся) - wackelte
57. увімкнýв - machte an
58. центрáльний - Haupt-, zentral
59. чув - hörte, gehört

B

Робóта в комáнді

Пáша хóче бути журналістом. Він навчáється в университéті. У нього сьогóдні урóк з твóру. Пан Соколóв навчáє студéнтів писáти композúції.

«Дорогí друзі, - говóрить він, - дéкотрі

Gruppenarbeit

Pascha will Journalist werden. Er studiert an der Universität. Heute hat er einen Schreibkurs. Herr Sokolov bringt den Studenten bei, Artikel zu schreiben.

„Liebe Freunde“, sagt er, „ein paar von euch

з вас працюва́тимуть у видавни́цтвах, газе́тах або́ журна́лах, на ра́діо або́ телеба́ченні. Це означа́є, що ви бу́дете працюва́ти в кома́нді. Робо́та в кома́нді - спра́ва непроста́. За́раз я хочу́, щоб ви спро́бували скласти журналі́стський твір в кома́нді. Мені́ потрі́бен хло́пець і ді́вчина».

werden für Verlage, Zeitungen oder Zeitschriften, das Radio oder das Fernsehen arbeiten. Das bedeutet, dass ihr in einer Gruppe arbeiten werdet. Es ist nicht einfach, in einer Gruppe zu arbeiten. Ich möchte, dass ihr jetzt versucht, in einer Gruppe einen journalistischen Text zu schreiben. Ich brauche einen Jungen und ein Mädchen."

Бага́то студе́нтів хо́чуть взя́ти у́часть у кома́ндній робо́ті. Пан Соколо́в вибира́є Па́шу й Ке́рол. Ке́рол з Іспа́нії, але́ вона́ володі́є украї́нською мо́вою ду́же до́бре.

Viele Studenten wollen bei der Gruppenarbeit mitmachen. Herr Sokolov wählt Pascha und Carol. Carol kommt aus Spanien, aber sie spricht sehr gut Ukrainisch.

«Будь ла́ска, ся́дьте за цей стіл. Тепе́р ви - коле́ги, - гово́рить їм пан Соколо́в. - Ви напи́шете коро́тку компози́цію. Ко́жен з вас почне́ компози́цію й по́тім переда́сть її коле́зі. Ваш коле́га прочита́є твір і продо́вжить його́. По́тім відда́сть наза́д і пе́рший прочита́є й продо́вжить його́. І так да́лі, по́ки ваш час не закі́нчиться. Я даю вам два́дцять хвили́н».

„Setzt auch bitte an diesen Tisch. Ihr seid jetzt Kollegen", sagt Herr Sokolov zu ihnen. „Ihr werdet einen kurzen Text schreiben. Einer von euch beginnt den Text und gibt ihn dann seinem Kollegen. Der Kollege liest den Text und führt ihn dann fort. Dann gibt euer Kollege ihn zurück, der Erste liest ihn und führt ihn fort. Und so weiter, bis die Zeit vorbei ist. Ihr habt zwanzig Minuten".

Пан Соколо́в дає́ їм папі́р і Ке́рол почина́є. Вона́ тро́хи ду́має й пи́ше.

Herr Sokolov gibt ihnen Papier und Carol fängt an. Sie denkt kurz nach und schreibt dann.

Колекти́вний твір

Gruppenarbeit

Ке́рол: Ю́лія подиви́лася у вікно́. Кві́ти в її́ саду́ ру́халися (воруши́лися) на ві́трі, на́чебто танцюючи. Вона́ згада́ла той ве́чір, коли́ танцюва́ла з Бори́сом. Це було́ рік тому́, але́ вона́ пам'ята́ла

Carol: Julia sah aus dem Fenster. Die Blumen in ihrem Garten bewegten sich im Wind, als ob sie tanzten. Sie erinnerte sich an den Abend, an dem sie mit Boris getanzt hatte. Das war vor einem Jahr, aber sie

все - його́ блаки́тні о́чі, його́ по́смішку і його́ го́лос. Це був щасли́вий час для не́ї, але́ тепе́р він скінчи́вся. Чому́ він був не з не́ю?

erinnerte sich an alles - seine blauen Augen, sein Lächeln, seine Stimme. Das war eine glückliche Zeit für sie gewesen, aber die war nun vorbei. Warum war er nicht bei ihr?

Па́ша: У цю секу́нду космі́чний капіта́н Бори́с Прово́рнов був на космі́чному кораблі́ «Бі́ла зі́рка». У нього було́ важли́ве завда́ння й у нього не було́ ча́су ду́мати про ту дурну́ ді́вчину, з якою він танцюва́в рік тому́. Він шви́дко напра́вив ла́зери «Бі́лої зі́рки» на зореле́ти інопланетя́н. По́тім він увімкну́в ра́діо й сказа́в інопланетя́нам: «Я даю вам одну́ годи́ну, щоб зда́тися. Якщо́ за годи́ну ви не здасте́ся, я зни́щу вас».

Pascha: Zu dieser Zeit war Raumschiffkapitän Boris Provornov in seinem Raumschiff White Star. Er hatte eine wichtige Mission und keine Zeit, über dieses dumme Mädchen, mit dem er vor einem Jahr getanzt hatte, nachzudenken. Schnell richtete er den Laser der White Star auf Raumschiffe Außerirdischer. Dann stellte er das Funkgerät an und sprach zu den Außerirdischen: „Ihr habt eine Stunde, um aufzugeben. Wenn ihr in einer Stunde nicht aufgebt, werde ich euch zerstören."

Але́ пе́ред ти́м, як він закі́нчив, ла́зер прибу́льців уда́рив у лі́вий двигу́н «Бі́лої зі́рки». Ла́зер Бори́са поча́в би́ти по інопланетних корабля́х іціє́ї ж секу́нди він увімкну́в центра́льний і пра́вий двигуни́. Ла́зер інопланетя́н зруйнува́в працюючий пра́вий двигу́н і «Бі́ла зі́рка» си́льно затрясла́ся. Бори́с упа́в на підло́гу, ду́маючи під час паді́ння, котри́й з інопланетних кораблі́в він пови́нен зни́щити пе́ршим.

Kurz bevor er seine Rede beendet hatte, traf jedoch ein Laser der Außerirdischen den linken Motor der White Star. Laser von Boris begann, auf die Raumschiffe der Außerirdischen zu schießen, und gleichzeitig schaltete Boris den Hauptmotor und den rechten Motor an. Der Laser der Außerirdischen zerstörte den funktionierenden rechten Motor und die White Star wackelte stark. Boris fiel auf den Boden und überlegte währenddessen, welches der Raumschiffe der Außerirdischen er zuerst zerstören müsse.

Ке́рол: Але́ він уда́рився голово́ю об метале́ву підло́гу й поме́р тіє́ї ж секу́нди. Але́ пе́ред тим, як він поме́р, він згада́в про бі́дну прекра́сну

Carol: Aber er schlug mit seinem Kopf auf dem metallenen Boden auf und war sofort tot. Bevor er starb, dachte er noch an das arme schöne Mädchen, das ihn liebte, und

дівчину, якá кохáла йогó, й дýже пошкодувáв, що пішóв від нéї. Невдóвзі лю́ди припини́ли цю дурнý війнý прóти бідних інопланетя́н. Вони́ зни́щили всі своí зорелéти й лáзери й повідóмили інопланетя́нам, що лю́ди нікóли знóву не почнýть війнý прóти них. Лю́ди сказáли, що вони́ хóчуть бýти друзя́ми інопланетя́н. Ю́лія дýже зраділа, коли́ почýла про це. Пóтім вонá увімкнýла телевізор і продóвжила диви́тися дивови́жний мексикáнський серіáл.

Пáша: Чéрез те, що лю́ди зни́щили своí влáсні радáри, ніхтó не знáв, що зорелéти інопланетя́н підійшли́ дýже бли́зько до Землі. Ти́сячі інопланéтних лáзерів удáрили в Зéмлю й за однý секýнду вби́ли бідну дурнý Ю́лію й п'ять мілья́рдів людéй. Земля́ булá зни́щена і її шматки́ розлетілися в кóсмосі.

«Як я бáчу, ви заверши́ли до тóго, як закінчився ваш час, - посміхнýвся пан Соколóв. - Ну що ж, урóк закінчено. Давáйте прочитáємо й поговóримо про цю компози́цію під час настýпного урóку».

es tat ihm sehr leid, dass er sie verlassen hatte. Kurz darauf beendeten die Menschen den dummen Krieg gegen die armen Außerirdischen. Sie zerstörten alle ihre eigenen Raumschiffe und Laser und informierten die Außerirdischen, dass die Menschen nie wieder einen Krieg gegen sie beginnen würden. Die Menschen sagten, sie wollten Freunde der Außerirdischen sein. Julia war sehr froh, als sie davon hörte. Dann machte sie den Fernseher an und schaute eine tolle deutsche Serie weiter.

Pascha: Da die Menschen ihre eigenen Radare und Laser zerstört hatten, wusste niemand, dass Raumschiffe der Außerirdischen der Erde sehr nahe kamen. Tausende Laser der Außerirdischen trafen die Erde und töten die arme, dumme Julia und fünf Billionen Menschen in einer Sekunde. Die Erde war zerstört und ihre Teile flogen in den Weltraum hinaus.

„Wie ich sehe, habt ihr euren Text fertig, bevor die Zeit um ist", sagte Herr Sokolov lächelnd. „Gut, der Unterricht ist vorbei. Lasst uns das nächste Mal diese Gruppenarbeit lesen und darüber sprechen."

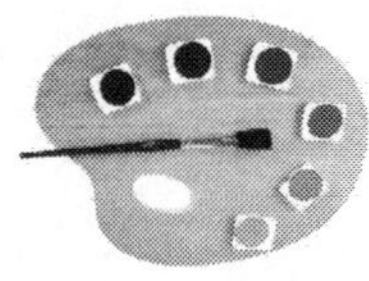

25

Ро́берт і Па́ша шука́ють нову́ робо́ту

Robert und Pascha suchen einen neuen Job

A

Слова́

1. акура́тний - fleissige
2. анке́та - der Fragebogen
3. брудни́й - dreckig
4. в той час, як / по́ки - während
5. вго́лос - laut
6. ветерина́р - der Tierarzt
7. вид / тип - Art, Typ
8. винагоро́да - die Entlohnung
9. вік - das Alter
10. Ге́ншер - Genscher (Name)
11. дозво́лити / дозволя́ти - erlauben, gestatten
12. дома́шня твари́на - das Haustier
13. запере́чувати - dagegen sein, protestieren
14. зді́бність / обдаро́ваність- die Begabung
15. знайшо́в - gefunden

16. ідéя - die Idee
17. інженéр - der Ingenieur
18. іспáнський - spanische
19. ки́лим- der Teppich
20. консультáція - die Beratung
21. котеня́ - das Kätzchen
22. лíдер - der Führer
23. лíкар - der Arzt
24. мéтод - die Methode
25. мистéцтво - die Kunst
26. монотóнний - monoton
27. мрíя - der Traum; мрíяти - träumen
28. обслу́говувати - bedienen
29. оголóшення - das Inserat
30. особи́стий - persönlich
31. оцíнювати - beurteilen
32. пацю́к - die Ratte
33. перегортáти (сторінку) - durchblättern
34. перекладáч - der Übersetzer
35. перш ніж - bevor
36. письмéнник - der Schriftsteller
37. привітáти - grüssen
38. прирóда - die Natur
39. (про)аналізувáти - analysieren
40. програмíст - der Programmierer
41. рекомендувáти - empfehlen, рекомендáція - die Empfehlung
42. роз'їжджáти - reisen
43. ру́брика - die Rubrik
44. спаніéль - der Spaniel
45. сусíд - der Nachbar
46. фéрмер - der Bauer
47. хи́трий - schlau
48. худóжник - der Künstler
49. цуценя́ - der Welpe

Рóберт і Пáша шукáють нову́ робóту

Рóберт і Пáша вдóма у Пáші. Пáша прибирáє стіл після снідáнку, а Рóберт читáє реклáму й оголóшення в газéті. Він читáє ру́брику «Твари́ни». Áня, сестрá Пáші, теж у кімнáті. Вонá намагáється піймáти кішку, якá ховáється під лíжком.

Robert und Pascha suchen einen neuen Job

Robert und Pascha sind bei Pascha zuhause. Pascha macht den Tisch nach dem Frühstück sauber und Robert liest Anzeigen und Inserate in der Zeitung. Er liest die Rubrik „Tiere". Paschas Schwester Ania ist auch im Zimmer. Sie versucht, die Katze, die sich unterm Bett

«Так бага́то безкошто́вних твари́н у газе́ті. Я напе́вно ви́беру кі́шку або́ соба́ку. Па́шо, як ти гада́єш?» - запи́тує Ро́берт Па́шу.

«А́ню, не доймáй ки́цьку! - ка́же Па́ша серди́то. - Що ж, Ро́берте, це непога́на іде́я. Твій улю́бленець завжди́ чека́тиме тебе́ вдо́ма. Він бу́де таки́й ра́дий, коли́ ти верта́тимешся додо́му й дава́тимеш йому́ ї́жу. І не забува́й, що ти пови́нен бу́деш гуля́ти зі свої́м улю́бленцем ра́нками й вечора́ми або́ чи́стити його́ коро́бку. І́ноді тобі́ доведе́ться чи́стити ки́лим або́ вози́ти сво́го улю́бленця до ветерина́ра. Тому́ поду́май гарне́нько перш ніж бра́ти твари́ну».

«Ось, тут є кі́лька оголо́шень. Послу́хай, - ка́же Ро́берт і почина́є чита́ти вго́лос:

„Зна́йдено бру́дного бі́лого соба́ку, на ви́гляд як пацю́к. Напе́вно до́вго жив на ву́лиці. Відда́м за винагоро́ду.“

Ось іще́ одне́:

„Іспа́нська вівча́рка, гово́рить по-іспа́нськи. Відда́м безкошто́вно. І безкошто́вні цуценя́та наполови́ну спаніє́ль і наполови́ну хи́трий сусі́дський соба́ка.“».

Ро́берт ди́виться на Па́шу: «Як соба́ка мо́же говори́ти по-іспа́нськи?»

«Вона́, напе́вно, розумі́є іспа́нську. Ти versteckt, zu fangen.

„Es gibt so viele kostenlose Tiere in der Zeitung. Ich denke, ich werde mir eine Katze oder einen Hund aussuchen. Was meinst du, Pascha?“, fragt Robert Pascha.

„Ania, hör auf, die Katze zu ärgern“, sagt Pascha wütend. „Na ja, Robert, das ist keine schlechte Idee. Dein Haustier wartet immer zuhause auf dich und ist so glücklich, wenn du nach Hause kommst und ihm Futter gibst. Und vergiss nicht, dass du morgens und abends mit deinem Tier Gassi gehen oder seine Kiste sauber machen musst. Manchmal musst du den Boden putzen oder mit dem Tier zum Tierarzt gehen. Also, denk gut darüber nach, bevor du dir ein Haustier anschaffst.“

„Also, hier sind ein paar Anzeigen. Hör zu“, sagt Robert und beginnt, laut vorzulesen:

„Habe einen dreckigen, weißen Hund gefunden, schaut aus wie eine Ratte. Hat vielleicht lange auf der Straße gelebt. Ich gebe ihn für Geld her.“

Und hier noch eine:

„Spanischer Hund, spricht Spanisch. Gebe ihn kostenlos ab. Und kostenlose Welpen, halb Spaniel, halb schlauer Nachbarshund.“

розумі́єш іспа́нську?» - запи́тує Па́ша, посміха́ючись.

«Я не розумію іспа́нську. Послу́хай, ось іще́ одне́ оголо́шення:

„Відда́м безкошто́вно фе́рмерських котеня́т. Готові ї́сти. Їстимуть все.“».

Ро́берт перегорта́є сторі́нку, «Гара́зд, я ду́маю , твари́ни мо́жуть почека́ти. Кра́ще я пошука́ю робо́ту». Він нахо́дить ру́брику про робо́ту й чита́є вго́лос:

«Ви шука́єте підходя́щу робо́ту? Прихо́дьте в трудову́ консульта́цію „Підходя́щий персона́л“ і отри́майте професі́йну допомо́гу. Наш консульта́нт проаналізу́є Ва́ші особи́сті здібності й порекоменду́є Вам найбільш підходя́щу робо́ту».

Ро́берт підніма́є по́гляд і гово́рить: «Па́шо, що ти ду́маєш?»

«Підходя́ща робо́та для вас - це ми́ти вантажі́вку в мо́рі й пуска́ти її попла́вати», - гово́рить А́ня і шви́дко вибіга́є з кімна́ти.

«Це непога́на іде́я. Ході́мо пря́мо за́раз», - гово́рить Па́ша й акура́тно вийма́є кі́шку із ча́йника, куди́ А́ня посади́ла твари́ну хвили́ну наза́д.

Ро́берт і Па́ша приї́жджа́ють у трудову́ консульта́цію «Підходя́щий персона́л»

Robert schaut Pascha an: „Wie kann ein Hund Spanisch sprechen?“

„Ein Hund kann Spanisch verstehen. Verstehst du Spanisch?“, fragt Pascha grinsend.

„Ich verstehe kein Spanisch. Hör zu, hier ist noch eine Anzeige:

Gebe kostenlos Kätzchen vom Bauernhof her. Fertig zum Essen. Sie essen alles.“

Robert blättert die Zeitung um. „Na gut, ich denke, Tiere können warten. Ich suche besser einen Job.“ Er findet die Stellenanzeigen und liest laut:

„Suchen Sie nach einem passenden Job? Die Arbeitsvermittlung ‚Passende Mitarbeiter‘ kann Ihnen helfen. Unsere Berater beurteilen ihre persönliche Begabung und erstellen Ihnen eine Empfehlung für den passendsten Beruf.“

Robert schaut auf und sagt: „Was meinst du, Pascha?“

„Der beste Job für euch ist, einen Laster im Meer zu waschen und ihn wegschwimmen zu lassen“, sagt Ania und rennt dann schnell aus dem Zimmer.

„Keine schlechte Idee. Lass uns gleich gehen“, antwortet Pascha und holt vorsichtig die Katze aus dem Kessel, in den Ania sie kurz zuvor gelegt hatte.

Robert und Pascha fahren mit dem

на своі́х велосипе́дах. Че́рги нема́є, тому́ вони́ вхо́дять пря́мо всере́дину. Там знахо́дяться дві жі́нки. Одна́ з них гово́рить по телефо́ну. І́нша жі́нка щось пи́ше. Вона́ приві́та́є Ро́берта й Па́шу й про́сить їх присі́сти. Її ім'я Да́р'я Акура́тнова. Вона́ запи́тує ї́хні імена́ й вік.

Fahrrad zur Arbeitsvermittlung ‚Passende Mitarbeiter'. Es gibt keine Schlange und sie gehen hinein. Zwei Frauen sind da. Eine von ihnen telefoniert. Die andere schreibt etwas. Sie bittet Robert und Pascha, Platz zu nehmen. Sie heißt Frau Daria Akkuratnova. Sie fragt sie nach ihren Namen und ihrem Alter.

«Ну що ж, дозво́льте мені́ поясни́ти ме́тод, яки́й ми використо́вуємо. Є п'ять ви́дів профе́сій.

„Gut, lasst mich euch die Methode, nach der wir arbeiten, erklären. Schaut, es gibt fünf Berufskategorien:

1. Пе́рший вид - це люди́на - приро́да. Профе́сії: фе́рмер, працівни́к зоопа́рку і так да́лі.

1. Die Erste ist Mensch - Natur. Berufe: Sokolov, Tierpfleger usw.

2. Дру́гий вид - це люди́на - маши́на. Профе́сії: піло́т, водій таксі́, водій вантажі́вки і так да́лі.

2. Die Zweite ist Mensch - Maschine. Berufe: Pilot, Taxifahrer, Lastwagenfahrer usw.

3. Тре́тій вид - це люди́на - люди́на. Професії: лі́кар, учи́тель, журналі́ст і так да́лі.

3. Die Dritte ist Mensch - Mensch. Berufe: Arzt, Lehrer, Journalist usw.

4. Четве́ртий вид - це люди́на - обчи́слювальні систе́ми. Профе́сії: переклада́ч, інжене́р, програмі́ст і так да́лі.

4. Die Vierte ist Mensch - Computer. Berufe: Übersetzer, Ingenieur, Programmierer usw.

5. П'я́тий вид - це люди́на - мисте́цтво. Профе́сії: письме́нник, худо́жник, співа́к і так да́лі.

5. Die Fünfte ist Mensch - Kunst. Berufe: Schriftsteller, Künstler, Sänger usw.

Ми дає́мо пора́ди про підходя́щу профе́сію тільки тоді́, коли́ дові́дуємося про вас бі́льше. Наса́мперед дозво́льте

Wir erstellen Empfehlungen für passende Berufe erst, wenn wir euch besser kennengelernt haben. Lasst mich zuerst eure persönlichen Begabungen

проаналізува́ти ва́ші особи́сті зді́бності. Я пови́нна зна́ти, що вам подо́бається й що не подо́бається. Тоді́ ми дові́даємося, яки́й вид профе́сії вам найбі́льше підхо́дить. Тепе́р, будь ла́ска, запо́вніть, запита́льник», - гово́рить па́ні Акура́тнова і дає їм запита́льники. Па́ша і Ро́берт запо́внюють запита́льники.

Запита́льник

Ім'я: Павло́ Вади́мович Колобо́ков

Наглядáти за маши́нами - Не запере́чую

Розмовля́ти з людьми́ - Мені́ подо́бається

Обслуго́вувати кліє́нтів - Не запере́чую

Води́ти автомобі́лі - Мені́ подо́бається

Працюва́ти в примі́щенні - Мені́ подо́бається

Працюва́ти на ву́лиці - Мені́ подо́бається

Бага́то запам'ято́вувати - Не запере́чую

Подорожува́ти - Мені́ подо́бається

Оці́нювати, перевіря́ти - Мені́ не подо́бається

Брудна́ робо́та - Не запере́чую

Моното́нна робо́та - Мені́ не подо́бається

Важка́ робо́та - Не запере́чую

Бу́ти лі́дером - Не запере́чую

Працюва́ти в кома́нді - Не запере́чую

Мрі́яти під час робо́ти - Мені́ подо́бається

Тренува́тися - Не запере́чую

beurteilen. Ich muss wissen, was ihr mögt und was ihr nicht mögt. Dann wissen wir, welcher Beruf am besten zu euch passt. Füllt jetzt bitte den Fragebogen aus", sagt Frau Akkuratnova und gibt ihnen die Fragebögen. Pascha und Robert füllen die Fragebögen aus.

Fragebogen

Name: Pavel Wadimowitsch Kolobokov

Maschinen beobachten - Habe ich nichts dagegen

Mit Menschen sprechen - Mag ich

Kunden bedienen - Habe ich nichts dagegen

Autos, Lastwagen fahren - Mag ich

Im Büro arbeiten - Mag ich

Draußen arbeiten - Mag ich

Mir viel merken - Habe ich nichts dagegen

Reisen - Mag ich

Bewerten, kontrollieren - Hasse ich

Dreckige Arbeit - Habe ich nichts dagegen

Monotone Arbeit - Hasse ich

Schwere Arbeit - Habe ich nichts dagegen

Führer sein - Habe ich nichts dagegen

In der Gruppe arbeiten - Habe ich nichts dagegen

Während der Arbeit träumen - Mag ich

Trainieren - Habe ich nichts dagegen

Вико́нувати тво́рчу робо́ту - Мені́ подо́бається
Працюва́ти з те́кстами - Мені́ подо́бається

Запитальник

Ім'я: Роберт Геншер
Нагляда́ти за маши́нами - Не запере́чую
Розмовля́ти з людьми́ - Мені́ подо́бається
Обслуго́вувати кліє́нтів - Не запере́чую
Води́ти автомобілі - Не запере́чую
Працюва́ти в приміщенні - Мені́ подо́бається
Працюва́ти на ву́лиці - Мені́ подо́бається
Бага́то запам'ято́вувати - Не запере́чую
Подорожува́ти - Мені́ подо́бається
Оці́нювати, перевіря́ти - Не запере́чую
Брудна́ робо́та - Не запере́чую
Моното́нна робо́та - Мені́ не подо́бається
Важка́ робо́та - Не запере́чую
Бу́ти лі́дером - Мені́ не подо́бається
Працюва́ти в кома́нді - Мені́ подо́бається
Мрі́яти під час робо́ти - Мені́ подо́бається
Тренува́тися - Не запере́чую
Вико́нувати тво́рчу робо́ту - Мені́ подо́бається
Працюва́ти з те́кстами - Мені́ подо́бається

Kreative Arbeit - Mag ich
Mit Texten arbeiten - Mag ich

Fragebogen

Name: Robert Genscher
Maschinen beobachten - Habe ich nichts dagegen
Mit Menschen sprechen - Mag ich
Kunden bedienen - Habe ich nichts dagegen
Autos, Lastwagen fahren - Habe ich nichts dagegen
Im Büro arbeiten - Mag ich
Draußen arbeiten - Mag ich
Mir viel merken - Habe ich nichts dagegen
Reisen - Mag ich
Bewerten, kontrollieren - Habe ich nichts dagegen
Dreckige Arbeit - Habe ich nichts dagegen
Monotone Arbeit - Hasse ich
Schwere Arbeit - Habe ich nichts dagegen
Führer sein - Hasse ich
In der Gruppe arbeiten - Mag ich
Während der Arbeit träumen
Trainieren - Habe ich nichts dagegen
Kreative Arbeit - Mag ich
Mit Texten arbeiten - Mag ich

26

Влашту́вання на робо́ту в газе́ту «Одеса Сьогодні»

Bewerbung bei der „Odessa Siogodni“

A

Слова́

1. взяв - nahm
2. ві́льно - fließend
3. влаштува́ти - einrichten; влаштува́ння на робо́ту - Arbeitsbewerbung
4. дав - gab
5. два́дцять оди́н - einundzwanzig
6. дізна́вся про... - kennengelernt über...
7. до поба́чення - Auf Wiedersehen
8. жіно́чий - weiblich
9. залишити - verlassen
10. запита́ти - fragte, gefragt
11. запо́внити - ausfüllen
12. зі́рочка - das Sternchen
13. інформа́ція - die Information, die Angabe
14. криміна́льний - kriminell, злочи́нець - der Verbrecher
15. маши́на - das Auto
16. міг - könnte
17. на́вичка / на́вички - die Fertigkeit(en)
18. націона́льність - die Nationalität

19. одру́жений - verheitatet (ein Mann); змі́жня - verheitatet (eine Frau)
20. осві́та - die Ausbildung
21. оціни́в - ausgewertet
22. патру́ль - die Patroiulle, die Streife
23. підкре́слити - unterstreichen
24. по ба́тькові - der Vatersname, der zweite Name
25. повідо́млювати - berichten
26. по́вна за́йнятість - Vollzeitarbeit
27. подава́ти зая́ву - sich bewerben
28. покида́ти / йти - verlassen
29. по́ле, графа́ - das Feld
30. полі́ція - die Polizei
31. поро́жній / порожня - leer
32. працюва́в - arbeitete, gearbeitet
33. прибу́в - angekommen
34. рані́ше - vorher
35. реда́ктор - der Herausgeber, der Redakteur
36. рекомендува́в - empfiehl
37. репорте́р - der Reporter
38. само́тній - ledig
39. сімна́дцять - siebzehn
40. стан - der Stand; сіме́йний стан - der Familienstand
41. стать, рід - das Geschlecht
42. струнки́й - schlank
43. супрово́джувати - begleiten
44. ти́ждень - die Woche
45. фіна́нси - die Finanzwissenschaft
46. фо́рма, анке́та - das Formular
47. частко́ва за́йнятість - die Teilzeitarbeit
48. чолові́чий- männlich

B

Влаштува́ння на робо́ту в газе́ту «Одеса Сьогодні»

Пані Акура́тнова проаналізува́ла відповіді Па́ші й Ро́берта в запита́льниках. Колú вона́ довí́далася про ї́хні особи́сті здí́бності, вона́ змогла́ да́ти їм кілька пора́д про підходя́щу профе́сію. Вона́ сказа́ла, що тре́тій вид профе́сії найбільш підходя́щий для них.

Bewerbung bei der „Odessa Siogodni“

Frau Akkuratnova wertete Paschas und Roberts Antworten im Fragebogen aus. Indem sie ihre persönlichen Begabungen kennenlernte, konnte sie ihnen Empfehlungen für passende Berufe geben. Sie sagte, dass die dritte Berufskategorie am besten zu ihnen passte. Sie könnten als

Вони́ могли́ б працюва́ти лікаря́ми, вчителя́ми або журналістами і так да́лі. Па́ні Акура́тнова пора́дила їм влаштува́тися на робо́ту в газе́ту «Одеса Сьогодні». Вони́ даю́ть робо́ту із частко́вою за́йнятістю студе́нтам, які́ могли́ б склада́ти поліце́йські репорта́жі для криміна́льної ру́брики. Тому́ Ро́берт і Па́ша приї́хали у ві́дділ персона́лу газе́ти «Одеса Сьогодні» й подали́ зая́ви на цю робо́ту.

Arzt, Lehrer oder Journalist arbeiten. Frau Akkuratnova empfahl ihnen, sich um einen Job bei der Zeitung „Odessa Siogodni" zu bewerben. Die hatte einen Nebenjob für Studenten zu vergeben, die Polizeiberichte in der Rubrik über Verbrechen verfassen konnten. Also gingen Robert und Pascha in die Personalabteilung der Zeitung „Odessa Siogodni" und bewarben sich um den Job.

«Ми сього́дні були́ в трудові́й консульта́ції „Підходя́щий персона́л", - сказа́в Па́ша па́ні Стро́йновій, котра́ була́ керівнико́м ві́дділу персона́лу, - нам пора́дили пода́ти зая́ви на робо́ту у ва́шу газе́ту».

„Wir waren heute bei der Arbeitsvermittlung „Passende Mitarbeiter", sagte Pascha zu Frau Stroinova, der Leiterin der Personalabteilung. „Sie haben uns empfohlen, uns bei Ihrer Zeitung zu bewerben."

«Ну що ж, ви працюва́ли репорте́рами раніше?» - запита́ла па́ні Стро́йнова.

„Habt ihr schon als Reporter gearbeitet", fragte Frau Stroinova.

«Ні», - відповів Па́ша.

„Nein", antwortete Pascha.

«Будь ла́ска, запо́вніть ці анке́ти особи́стих да́них», - сказа́ла па́ні Стро́йнова й дала́ їм дві анке́ти. Па́ша й Ро́берт запо́внили їх.

„Füllt bitte diese Formulare mit euren persönlichen Angaben aus", sagte Frau Stroinova und gab ihnen zwei Formulare. Robert und Pascha füllten sie aus.

Анке́та особи́стих да́них

Ви пови́нні запо́внити поля́ із зірочкою *. Ви мо́жете зали́шити інші поля́ незапо́вненими.

Ім'я́* - Павло́

По-ба́тькові - Вади́мович

Прі́звище* - Колобо́ков

Persönliche Angaben

Alle mit einem Sternchen * markierten Felder müssen ausgefüllt werden. Die anderen Felder können leer gelassen werden.

Vorname* - Pawel

Zweiter Name - Wadimowitsch

Nachname* - Kolobokov

Стать* - (підкре́слити) Чолові́ча Жіно́ча
Вік* - Два́дцять ро́ків
Націона́льність* - Украї́нець
Сіме́йний стан - (підкре́слити) Не одру́жений Одру́жений
Адре́са* - Ву́лиця Що́рса, 11, Оде́са, Украї́на
Осві́та - Я вивча́ю журналі́стику на тре́тьому ку́рсі університе́ту
Де Ви працюва́ли рані́ше? - Я працюва́в два мі́сяці робітнико́м на фе́рмі
Яки́й до́свід і на́вички у Вас є?* - Я вмі́ю води́ти легкови́й і ванта́жний автомобі́ль і мо́жу працюва́ти на комп'ютері.
Мо́ви* (0 - ні, 10 - ві́льно) - украї́нська - 10, англі́йська - 8
Воді́йські права́* - (підкре́слити) Ні Так
Тип: ВС, я мо́жу води́ти вантажі́вки
Вам потрі́бна робо́та* - (підкре́слити) По́вна за́йнятість Частко́ва за́йнятість: 15 годи́н на ти́ждень
Ви хо́чете заробля́ти - 80 гри́вень за годи́ну

Анке́та особи́стих да́них

Ви пови́нні запо́внити поля́ із зі́рочкою *. Ви мо́жете зали́шити і́нші поля́ незапо́вненими.

Ім'я* - Ро́берт
По-ба́тькові -
Прі́звище* - Ге́ншер
Стать* - (підкре́слити) Чолові́ча Жіно́ча

Geschlecht* - (unterstreiche) männlich́ weiblich
Alter* - Zwanzig
Nationalität* - Ukrainer
Familienstand - (unterstreiche) lediǵ verheiratet
Adresse* - ul. Schiorsa 11, Odessa, Ukraine
Ausbildung - Ich studiere Journalismus im dritten Jahr an der Universität
Wo haben Sie zuvor gearbeitet? - Ich habe zwei Monate auf einem Bauernhof gearbeitet
Welche Erfahrung und Fähigkeiten haben Sie?* - Ich kann Auto und Lastwagen fahren und mit dem Computer arbeiten.
Sprachen* (0 - nein, 10 - fließend) - Ukrainisch - 10, Englisch - 8
Führerschein* - (unterstreiche) Nein Já
Typ: BC Kann Lastwagen fahren.
Sie brauchen einen Job* - (unterstreiche) Vollzeit Teilzeit́: 15 Stunden die Woche
Sie wollen verdienen - 80 Hrywnja die Stunde

Persönliche Angaben

Alle mit einem Sternchen * markierten Felder müssen ausgefüllt werden. Die anderen Felder können leer gelassen werden.

Vorname* - Robert
Zweiter Name -
Nachname* - Genscher
Geschlecht* - (unterstreiche) männlich́ weiblich

Вік* - Два́дцять оди́н рік
Націона́льність* - Німець
Сіме́йний стан - (підкре́слити) Не одру́жений Одру́жений
Адре́са* - Кімна́та 218, студе́нтський гурто́житок, ву́лиця Університе́тська, 5, Оде́са, Украї́на
Осві́та - Я вивча́ю комп'ютерний диза́йн на дру́гому ку́рсі університе́ту
Де Ви працюва́ли раніше? - Я працюва́в два місяці робітнико́м на фе́рмі
Яки́й до́свід і на́вички у Вас є?* - Я мо́жу працюва́ти на комп'ютері
Мо́ви* (0 - ні, 10 - ві́льно) - Німе́цька - 10, Украї́нська - 8
Воді́йські права́* - (підкре́слити) Ні Так
Тип:
Вам потрі́бна робо́та* - (підкре́слити) По́вна за́йнятість Частко́ва за́йнятість: 15 годи́н на ти́ждень
Ви хо́чете заробля́ти - 80 гри́вень за годи́ну

Alter* - einundzwanzig
Nationalität* - Deutscher
Familienstand - (unterstreiche) ledig verheiratet
Adresse* - Zimmer 218, Studentenwohnheim, ul. Universitetskaya 5, Odessa, Ukraine
Ausbildung - Ich studiere Computerdesign im zweiten Jahr an der Universität
Wo haben Sie zuvor gearbeitet? - Ich habe zwei Monate auf einem Bauernhof gearbeitet
Welche Erfahrung und Fähigkeiten haben Sie?* - Ich kann mit dem Computer umgehen
Sprachen* (0 - nein, 10 - fließend) - Deutsch - 10, Ukrainisch - 8
Führerschein* - (unterstreiche) Nein Ja
Typ:
Sie brauchen einen Job* - (unterstreiche) Vollzeit Teilzeit: 15 Stunden die Woche
Sie wollen verdienen - 80 Hrywnja die Stunde

Па́ні Стро́йнова віднесла́ їхні анке́ти особи́стих да́них до реда́ктора «Одеса Сьогодні».
«Реда́ктор зго́ден, - сказа́ла па́ні Стро́йнова, коли́ поверну́лася наза́д. - Ви бу́дете супрово́джувати полі́це́йський патру́ль, а по́тім склада́ти репорта́жі в кримі́на́льну ру́брику. Полі́це́йська маши́на при́їде за́втра о сімна́дцятій годи́ні, щоб узя́ти

Frau Stroinova brachte die Formulare mit ihren persönlichen Angaben zum Herausgeber der „Odessa Siogodni".
„Der Herausgeber ist einverstanden", sagte Frau Stroinova, als sie zurückkam. „Ihr begleitet eine Polizeistreife und schreibt dann Berichte für die Kriminalrubrik. Morgen um 17 Uhr werdet ihr von einem Polizeiauto

вас. Бу́дьте тут у цей час, гара́зд?»
«Авже́ж», - відпові́в Ро́берт.
«Так, ми бу́демо, - сказа́в Па́ша. - До поба́чення».
«До поба́чення», - відповіла́ па́ні Стро́йнова.

abgeholt. Seid pünktlich da, ok?“
„Klar“, antwortete Robert.
„Ja, wir werden pünktlich sein“, sagte Pascha. „Auf Wiedersehen“.
„Auf Wiedersehen“, antwortete Frau Stroinova.

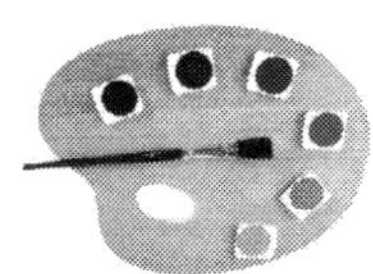

27

Полiцéйський патрýль (частúна 1)

Die Polizeistreife (Teil 1)

A

Слова́

1. висóкий, вúсоко - hoch
2. вів, їхав- fuhr
3. відкрúв - öffnete
4. вітрúна - das Schaufenster
5. всі, кóжен - alle
6. грабíжник - der Räber; пограбувáння- der Diebstahl
7. дві тúсячі сто двáдцять - zweitausendeinhundertzwanzig
8. двíсті - zweihundert
9. (за)гáвкав - bellte
10. завивáючи - heulend
11. завíв - machte an (den Motor); поі́хав - fuhr los

12. закри́в - schloss; закри́тий - geschlossen
13. захова́вся - versteckte
14. збро́я - die Waffe
15. зло́дій - der Dieb, зло́дії - die Diebe
16. зрозумі́в - verstanden, verstand
17. зустрі́в - getroffen, traf, kennengelernt
18. квита́нція - die Quittung
19. ключ - der Schlüssel
20. кри́кнув - gerufen, rief
21. мікрофо́н - das Mikrofon
22. навко́ло - umher
23. намага́вся - versuchte
24. нару́чники - die Handschellen
25. нати́снув ного́ю - trat
26. обме́ження, лімі́т - die Begrenzung
27. офіце́р - der Polizist
28. переля́каний - ängstlich
29. підніма́тися- aufstehen
30. пого́ня - die Verfolgung
31. показа́в - zeigte
32. поліце́йський - der Polizist
33. полі́ція - die Polizei
34. пристіба́ти - anschnallen
35. (про)ні́сся - raste
36. прокля́ття - verdammt
37. ре́мені безпе́ки - der Sicherheitsgurt
38. роби́в - machte
39. сержа́нт - der Polizeihauptmeister
40. сире́на - die Sirene
41. сто - hundert
42. стро́гий - strenge
43. супрово́джував - begleitet, begleitete
44. суши́ти - trocknen; сухи́й - trocken
45. триво́га - der Alarm
46. ціна́ - der Preis
47. чека́в - wartete
48. шви́дкість - die Geschwindigkeit; пору́шник - der Raser

B

Поліце́йський патру́ль (части́на 1)

Ро́берт і Па́ша приї́хали до будівлі газе́ти «Одеса Сьогодні» насту́пного дня о сімна́дцятій годи́ні. Поліце́йська маши́на вже чека́ла їх. Поліце́йський ви́йшов з маши́ни.

Die Polizeistreife (Teil 1)

Am nächsten Tagen kamen Robert und Pascha um siebzehn Uhr zum Gebäude der Zeitung „Odessa Siogodni“. Das Polizeiauto wartete schon auf sie. Ein Polizist stieg aus dem Auto aus.

«Здра́стуйте. Я сержа́нт Ігор Стро́гов», - сказа́в він, коли́ Па́ша й Ро́берт підійшли́ до маши́ни.

„Hallo. Ich bin Polizeihauptmeister Igor Strogov“, sagte er, als Pascha und Robert zum Auto kamen.

«Здра́стуйте. Ра́дий познайо́митися. Мене́ звуть Ро́берт. Ми пови́нні супрово́джувати Вас», - відповів Ро́берт.

„Hallo, schön, Sie kennenzulernen. Ich heiße Robert. Wir sollen Sie heute begleiten“, antwortete Robert.

«Здра́стуйте. Я Па́ша. Ви давно́ нас чека́єте?» - запита́в Па́ша.

„Hallo, ich bin Pascha. Haben Sie schon lange auf uns gewartet?“, fragte Pascha.

«Ні. Я що́йно сюди́ при́був. Дава́йте ся́демо в маши́ну. Тепе́р ми почина́ємо міське́ патрулюва́ння», - сказа́в поліце́йський. Вони́ всі сіли в поліце́йську маши́ну.

„Nein, ich bin gerade erst gekommen. Lasst uns einsteigen. Wir fangen jetzt mit der Streife in der Stadt an“, sagte der Polizist. Sie stiegen alles ins Polizeiauto.

«Ви пе́рший раз супрово́джуєте поліце́йський патру́ль?» - запита́в сержа́нт Стро́гов, заво́дячи двигу́н.

„Begleitet ihr zum ersten Mal eine Polizeistreife“, fragte Polizeihauptmeister Strogov und machte den Motor an.

«Ми ніко́ли раніше не супрово́джували поліце́йський патру́ль», - відповів Па́ша.

„Wir haben noch nie eine Polizeistreife begleitet“, antwortete Pascha.

У цей моме́нт поліце́йське ра́діо почало́ говори́ти: «Ува́га П11 і П07! Си́ній автомобіль ї́де на висо́кій шви́дкості по ву́лиці Університе́тська».

In diesem Moment meldete sich der Polizeifunk: „Achtung P11 und P07! Ein blaues Auto fährt zu schnell auf der Universitätsstraße.“

«П07 прийня́в», - сказа́в сержа́нт Стро́гов у мікрофо́н. По́тім він сказа́в хло́пцям: «Но́мер на́шого автомобіля П07». Вели́кий си́ній автомобіль проі́хав ми́мо на висо́кой шви́дкості. І́гор Стро́гов знову взяв мікрофо́н і сказа́в: «Гово́рить П07. Ба́чу пору́шуючий си́ній автомобіль. Почина́ю пого́ню». По́тім він

„P07 ist dran“, sagte Polizeihauptmeister Strogov ins Mikrofon. Dann sagte er zu den Jungs: „Die Nummer unseres Autos ist P07.“ Ein großes blaues Auto raste mit hoher Geschwindigkeit an ihnen vorbei. Igor Strogov nahm das Mikrofon und sagte: „Hier spricht P07. Ich sehe das rasende Auto. Nehme die Verfolgung

сказáв хлóпцям: «Пристебнíть своï рéмені безпéки». Полiцéйська машúна швúдко стартувáла. Сержáнт натúснув газ до кінця́ й увiмкнýв сирéну. Вонú поïхали на висóкiй швúдкості з вúючою сирéною повз будúнки, машúни, автóбуси. Íгор Стрóгов змýсив сúню машúну зупинúтися. Сержáнт вúйшов з машúни й пiшóв до порýшника. Пáша й Рóберт пішлú за ним.

auf". Dann sagte er zu den Jungs: „Bitte anschnallen!" Das Polizeiauto fuhr schnell los. Der Polizeihauptmeister trat das Gaspedal voll durch und machte die Sirene an. Mit heulender Sirene rasten sie an Gebäuden, Autos und Bussen vorbei. Igor Strogov brachte das blaue Auto zum Anhalten. Der Polizeihauptmeister stieg aus dem Auto aus und ging zu dem Raser. Pascha und Robert gingen ihm nach.

«Службóвець мiлiцiï Íгор Стрóгов. Покажíть Вáші водíйські правá, будь лáска», - сказáв полiцéйський порýшникові.

„Ich bin Polizeibeamter Igor Strogov. Zeigen Sie mir bitte Ihren Führerschein", sagte der Polizist zu dem Raser.

«Ось моï водíйські правá, - водíй показáв своï водíйські правá. - А в чóму спрáва?» - скáзав він сердúто.

„Hier ist mein Führerschein", der Fahrer zeigte seinen Führerschein. „Was ist los?", fragte er wütend.

«Ви ïхали по мíсту на швúдкості сто двáдцять кiломéтрiв на годúну. Обмéження швúдкості - шістдеся́т», - сказáв сержáнт.

„Sie sind mit hundertzwanzig km/h durch die Stadt gefahren. Die Geschwindigkeitsbegrenzung ist fünfzig", sagte der Polizeihauptmeister.

«А, це. Бáчите, я щóйно помúв свою машúну. Томý я ïхав трóхи швúдше, щоб просушúти ïï», - сказáв чоловíк з хúтрою пóсмішкою.

„Ach so, das. Wissen Sie, ich habe gerade mein Auto gewaschen. Ich bin ein bisschen schneller gefahren, damit es trocknet", sagte der Mann mit einem schlauen Grinsen.

«Скíльки кóштує помúти машúну?» - запитáв полiцéйський.

„Ist es teuer, Ihr Auto zu waschen?", fragte der Polizist.

«Не багáто. Це кóштує п'ятдесят гривень», - сказáв порýшник.

„Nein. Es kostet 50 Hrywnja", sagte der Raser.

«Ви не знáєте цін, - сказáв сержáнт

Стро́гов. - Це в ді́йсності ко́штує двісті п'ятдеся́т гри́вень. Тому́ Ви запла́тите двісті п'ятдеся́т гри́вень за сушіння маши́ни. Ось квита́нція. Прие́много дня», - сказа́в поліце́йський. Він відда́в штрафну́ квита́нцію на двісті п'ятдеся́т гри́вень і водíйські права́ пору́шникові й пішо́в наза́д до поліце́йської маши́ни.

«Ігоре́, я вважа́ю, у Вас вели́кий до́свід з пору́шниками, чи не так?» - запита́в Па́ша поліце́йського.

«Я бага́то їх зустріча́ю, - сказа́в І́гор, заво́дячи двигу́н. - Спочáтку вони́ ма́ють ви́гляд, як серди́ті ти́гри або́ хи́трі ли́си. Але́ пі́сля то́го, як я поговорю́ з ни́ми, вони́ ма́ють ви́гляд, як переля́кані кошеня́та або́ дурні́ ма́впи. Як той в си́ній маши́ні».

Тим ча́сом по ву́лиці неподалі́к від місько́го па́рку пові́льно ї́хав мале́нький бі́лий легкови́й автомобі́ль. Автомобі́ль зупини́вся навпро́ти крамни́ці. Чолові́к і жі́нка ви́йшли з маши́ни й підійшли́ до крамни́ці. Вона́ була́ зачи́нена. Чолові́к подиви́вся навко́ло. По́тім він шви́дко діста́в кі́лька ключі́в і спро́бував відкри́ти замо́к. Наре́шті він відкри́в його́ й вони́ увійшли́ всере́дину.

«Диви́ся! Тут так бага́то су́конь!» - сказа́ла жі́нка. Вона́ діста́ла вели́ку

„Sie kennen die Preise nicht", sagte Polizeihauptmeister Strogov. „In Wirklichkeit kostet es Sie 250 Hrywnja, denn Sie werden 250 Hrywnja fürs Trocknen zahlen. Hier ist der Strafzettel. Einen schönen Tag noch", sagte der Polizist. Er gab dem Raser einen Strafzettel für Geschwindigkeitsüberschreitung über 250 Hrywnja und seinen Führerschein und ging zurück zum Polizeiauto.

„Igor, du hast viel Erfahrung mit Rasern, nicht wahr?", fragte Pascha den Polizisten.

„Ich habe schon viele kennengelernt", sagte Igor und machte den Motor an. „Zu erst sehen sie wie wütende Tiger oder schlaue Füchse aus. Aber nachdem ich mit ihnen gesprochen habe, sehen sie wie ängstliche Kätzchen oder dumme Affen aus. Wie der im blauen Auto."

In der Zwischenzeit fuhr ein kleines, weißes Auto nicht weit vom Stadtpark langsam die Straße entlang. Das Auto hielt in der Nähe eines Ladens. Ein Mann und eine Frau stiegen aus und gingen zu dem Laden. Er war geschlossen. Der Mann sah sich um. Dann holte er schnell einige Schlüssel hervor und versuchte, die Tür zu öffnen. Schließlich öffnete er

сýмку й почалá все тудѝ клáсти. Колѝ сýмка стáла пóвна, вонá віднеслá її до автомобіля й прийшлá назáд.

«Берѝ все швѝдко! О-о! Якѝй чудóвий капелюх!» - сказáв чоловíк. Він узя́в з вітрѝни крамнѝці велѝкого чóрного капелюха й надягнýв його.

«Подивѝся на цю червóну сýкню! Вонá мені так подóбається!» - сказáла жíнка й швѝдко надяглá червóну сýкню. У нéї більше не булó сýмок. Томý вонá взялá більше речéй у рýки, вѝбігла назóвні й кѝнула їх на автомобіль. Пóтім вонá побігла всерéдину, щоб принестѝ ще речéй.

Поліцéйський автомобіль П07 повільно ї́хав ýздовж міськóго пáрку, колѝ рáдіо заговорѝло: «Увáга всім патрýльним машѝнам. Ми отрѝмали сигнáл про пограбувáння з крамнѝці біля міськóго пáрку. Адрéса крамнѝці: вýлиця Пáркова, 72».

«П07 прийня́в, - сказáв Íгор в мікрофóн. - Я знахóджуся дýже блѝзько до цьóго місця. Прямýю тудѝ». Вонѝ знайшлѝ крамнѝцю дýже швѝдко й під'ї́хали до білого автомобіля. Пóтім вонѝ вѝйшли з машѝни й ховáлися за нéю. Жінка в новíй червóній сýкні вѝбігла з крамнѝці. Вонá кѝнула кілька сýконь на поліцéйську машѝну й побігла назáд у

sie und sie gingen hinein.

„Schau, so viele Kleider“, sagte die Frau. Sie holte eine große Tasche hervor und begann, alles hineinzupacken. Als die Tasche voll war, brachte sie sie zum Auto und kam zurück.

„Nimm schnell alles! Oh! Was für ein schöner Hut!“, sagte der Mann. Er nahm einen großen schwarzen Hut aus dem Schaufenster und zog ihn auf.

„Schau dir dieses rote Kleid an! Das finde ich toll!“, sagte die Frau und zog schnell das rote Kleid an. Sie hatte keine Taschen mehr. Deswegen nahm sie mehr Sachen in die Hände, rannte nach draußen und packte sie ins Auto. Dann rannte sie nach drinnen, um noch mehr Dinge zu holen.

Das Polizeiauto P07 fuhr gerade langsam den Stadtpark entlang, als sich der Funk meldete: „Achtung, alle Einheiten. Wir haben einen Einbruchsalarm aus einem Laden in der Nähe des Stadtparks. Die Adresse des Ladens ist Parkstraße 72.“

„P07 ist dran“, sagte Igor ins Mikro. „Ich bin ganz in der Nähe. Fahre dorthin.“ Sie hatten den Laden schnell gefunden und fuhren zu dem weißen Auto. Dann stiegen sie aus dem Auto aus und versteckten sich dahinter. Die Frau im roten Kleid kam aus dem Laden gerannt. Sie legte einige Kleider auf das

крамни́цю. Жі́нка зроби́ла це ду́же шви́дко. Вона́ на́віть не помі́тила, що це була́ поліце́йська маши́на!

«ПроклЯ́ття! Я забу́в свій пістоле́т у поліце́йському ві́дділку!» - сказа́в І́гор. Ро́берт і Па́ша подиви́лися на сержа́нта Стро́гова, а по́тім здиво́вано оди́н на о́дного. Поліце́йський був таки́й знія́ковілий, що Ро́берт і Па́ша зрозумі́ли - вони́ пови́нні допомогти́ йому́. Жі́нка зно́ву ви́бігла з крамни́ці, ки́нула кі́лька су́конь на поліце́йську маши́ну й побі́гла наза́д. Тоді́ Па́ша сказа́в І́горю: «Ми мо́жемо прики́нутися, що у нас є збро́я».

«Дава́йте так і зро́бимо, - відпові́в І́гор, - Але́ ви не підніма́йтеся. У зло́діїв мо́же бу́ти збро́я, - сказа́в він і по́тім кри́кнув: - Гово́рить полі́ція! Усі́, хто знахо́диться всере́дині крамни́ці! Підні́міть ру́ки й пові́льно вихо́дьте з крамни́ці по одно́му!» Вони́ почека́ли хвили́ну. Ніхто́ не ви́йшов. По́тім у Ро́берта з'яви́лася іде́я.

«Якщо́ ви за́раз не ви́йдете, то ми спу́стимо на вас поліце́йського соба́ку!» - кри́кнув він і по́тім зага́вкав, як вели́кий серди́тий соба́ка. Зло́дії відра́зу ви́бігли з пі́днятими рука́ми. І́гор шви́дко надягну́в на них нару́чники й відві́в до поліце́йської маши́ни. По́тім він сказа́в Ро́берту: «Це була́ чудо́ва іде́я, прики́нутися, що у нас є соба́ка! Чи

Polizeiauto und rannte zurück in den Laden. Die Frau tat das sehr schnell. Sie sah nicht, dass es ein Polizeiauto war.

„Verdammt! Ich habe meine Waffe auf der Polizeiwache vergessen!", sagte Igor. Robert und Pascha sahen Polizeihauptmeister Strogov und dann einander überrascht an. Der Polizist war so verwirrt, dass Pascha und Robert verstanden, dass er Hilfe brauchte. Die Frau rannte wieder aus dem Laden, legte Kleider auf das Polizeiauto und rannte zurück. Dann sagte Pascha zu Igor: „Wir können so tun, als ob wir Waffen haben."

„Lasst uns das machen", antwortete Igor. „Aber ihr steht nicht auf. Die Diebe haben vielleicht Waffen", sagte er und rief dann: „Hier spricht die Polizei! Alle, die im Laden sind, heben ihre Hände und kommen langsam einer nach dem anderen aus dem Laden!" Sie warteten eine Minute. Niemand kam. Dann hatte Robert eine Idee.

„Wenn ihr nicht rauskommt, hetzen wir den Polizeihund auf euch!", rief er und bellte wie ein großer, wütender Hund. Die Diebe kamen sofort mit erhobenen Händen herausgerannt. Igor legte ihnen schnell Handschellen an und brachte sie ins Polizeiauto. Dann sagte er zu Robert: „Das war eine gute Idee, so zu tun, als ob wir einen Hund hätten. Weißt du, ich

ба́чиш, я вже забува́в свій пістоле́т два ра́зи. Якщо́ дові́даються, що я забу́в його´втре́тє , мене́ мо́жуть звільни́ти або́ зму́сити вико́нувати о́фісну робо́ту. Ви не ска́жете про це, до́бре?»

habe meine Waffe schon zweimal vergessen. Wenn sie herausfinden, dass ich sie zum dritten Mal vergessen habe, feuern sie mich vielleicht oder lassen mich Büroarbeit machen. Ihr erzählt es doch niemandem, oder?“

«Авже́ж ні!» - сказа́в Ро́берт.

„Natürlich nicht!“, sagte Robert.

«Ніко́ли», - сказа́в Па́ша.

„Nie“, sagte Pascha.

«Ду́же дя́кую за допомо́гу, хло́пці!» - Ігор міцно поти́с їм ру́ки.

„Vielen dank für eure Hilfe, Jungs!“, Igor schüttelte ihnen heftig die Hand.

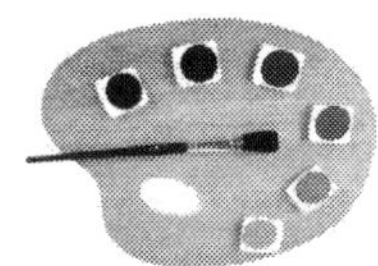

28

Полiце́йський патру́ль (части́на 2)

Die Polizeistreife (Teil 2)

Слова́

1. ба́чив - sah
2. без свідо́мості - bewusstlos
3. вибача́ти - sich entschuldigen; Ви́бачте (мене́). - Entschuldigen Sie (mich).
4. ви́стрелив, підстре́лив - schoss; angeschossen
5. відверну́тися - sich abwenden
6. відкри́в - geöffnet, öffnete
7. відповів - geantwortet, antwortete
8. вчо́ра/учора - gestern
9. готівка - das Bargeld
10. громадяни́н - der Herr
11. дзвони́в - klingelte
12. дзвони́ти - anrufen
13. Експре́с Банк - Express Bank
14. засу́нути / засо́вувати - einstecken

15. захищáти - beschützen
16. звичáйний - gewöhnlich
17. Івáн - Ivan (Name)
18. кáса - die Kasse; касúр - der Kassierer
19. кишéня - die Tasche
20. кнóпка - der Knopf
21. Кузьмá - Kuzma (Name)
22. мадáм - die Madame
23. мій - mein
24. мобільний - das Handy
25. набрáти / набирáти - wählen (am Telefon)
26. натúснути / натискáти - drücken
27. повернýв(-ся) - drehte (sich)
28. пóтайки - heimlich
29. принéсення - gebracht
30. пропáв - weg sein
31. рикошéтом - abprallen
32. рідко - selten
33. розбúти - zerbrechen
34. розýмний - schlau, klug
35. сéйф - der Tresor
36. склó - das Glas
37. твій / Ваш - dein / Ihr
38. теж - auch
39. телефóн - das Telefon
40. товáриш - comrade
41. торгóвий центр - das Einkaufszentrum
42. укрáдений - gestohlen
43. хто-нéбудь (когó-нéбудь), хтось - jemand (jemanden)
44. чий - wessen
45. чоловікú - die Männer
46. ще - noch
47. щúро - offenherzig

B

Поліцéйський патрýль (частина 2)

Die Polizeistreife (Teil 2)

Настýпного дня Рóберт і Пáша знóву супровóджували Íгоря. Вонú стоя́ли біля велúкого торгóвого цéнтру, колú до них підійшлá жінка.

Am nächsten Tag begleiteten Robert und Pascha Igor wieder. Sie standen neben einem großen Einkaufszentrum, als eine Frau zu ihnen kam.

«Будь лáска, не моглú б ви мені допомогтú?» - запитáла вонá.

„Können Sie mir bitte helfen?", fragte sie.

«Звичáйно, мадáм. Що трáпилося?» -

„Natürlich. Was ist passiert?", fragte Igor.

запита́в І́гор.

«Мій мобі́льний телефо́н зник. Я ду́маю, що його́ вкра́ли».

«Його́ використо́вували сього́дні?» - запита́в полі́це́йський.

«Я використо́вувала його́ пе́ред тим, як ви́йшла з торго́вого це́нтру», - відповіла́ вона́.

«Зайді́мо всере́дину», - сказа́в І́гор. Вони́ зайшли́ в торго́вий центр і огляді́лися. Там було́ ду́же бага́то люде́й.

«Спро́буймо стари́й трюк, - сказа́в І́гор і взяв свій вла́сний телефо́н, - Яки́й но́мер Ва́шого телефо́ну?» - запита́в він жі́нку. Вона́ сказа́ла й він набра́в но́мер її́ телефо́ну. Неподалі́к від них задзвони́в мобі́льний телефо́н. Вони́ пішли́ до то́го мі́сця, де він дзвони́в. Там була́ че́рга. Яки́йсь чолові́к у че́рзі подиви́вся на поліце́йського, і по́тім шви́дко відверну́вся. Поліце́йський підійшо́в бли́жче, ува́жно слу́хаючи. Телефо́н дзвони́в у кише́ні цьо́го чолові́ка.

«Ви́бачте», - сказа́в І́гор. Чолові́к подиви́вся на ньо́го.

«Ви́бачте, Ваш телефо́н дзво́нить», - сказа́в І́гор.

«Де?» - сказа́в чолові́к.

„Mein Handy ist weg. Ich glaube, es wurde gestohlen."

„Haben Sie es heute schon benutzt?", fragte der Polizist.

„Ich habe es benutzt, bevor ich das Einkaufszentrum verlassen habe", antwortete die Frau.

„Lasst uns reingehen", sagte Igor. Sie gingen ins Einkaufszentrum und sahen sich um. Viele Leute waren da.

„Lasst uns einen alten Trick versuchen", sagte Igor und holte sein eigenes Handy hervor. „Wie ist Ihre Nummer?", fragte er die Frau. Sie sagte sie ihm und er wählte sie. Nicht weit von ihnen klingelte ein Handy. Sie gingen zu der Stelle, an der es klingelte. Dort war eine Schlange. Ein Mann in der Schlange sah den Polizisten an und schaute dann schnell weg. Der Polizist ging näher hin und horchte aufmerksam. Das Handy klingelte in der Tasche des Mannes.

„Entschuldigen Sie", sagte Igor. Der Mann sah ihn an.

„Entschuldigen Sie, Ihr Handy klingelt", sagte Igor.

„Wo?", sagte der Mann.

„Hier, in ihrer Tasche", sagte Igor.

„Nein, es klingelt nicht", sagte der Mann.

„Doch, es klingelt", sagte Igor.

«Тут, у Ва́шій кише́ні», - сказа́в І́гор.

«Ні», - сказа́в чолові́к.

«Так», - сказа́в І́гор.

«Це не мій», - сказа́в чолові́к.

«Тоді́ чий телефо́н дзво́нить у Ва́шій кише́ні?» - запита́в І́гор.

«Я не зна́ю», - відпові́в чолові́к.

«Дозво́льте подиви́тися», - сказа́в І́гор і дістáв телефо́н з кише́ні чолові́ка.

«О-о, це мій!» - ви́гукнула жі́нка.

«Візьмі́ть свій телефо́н, мада́м», - сказа́в І́гор, віддаючи́ його́ їй.

«Дозво́льте, громадяни́не?» - запита́в І́гор і зно́ву засу́нув ру́ку в кише́ню чолові́ка. Він діста́в і́нший телефо́н, по́тім ще оди́н.

«Вони́ теж не Ва́ші?» - запита́в І́гор чолові́ка.

Чолові́к покрути́в голово́ю, ди́влячись убі́к.

«Які́ ди́вні телефо́ни!» - ви́гукнув І́гор, «Вони́ тіка́ють від своі́х хазяї́в і стриба́ють у кише́ні ціє́ї люди́ни! А тепе́р вони́ дзво́нять у його́ кише́нях, так?»

«Так», - сказа́в чолові́к.

«Зна́єте, моя́ робо́та - захища́ти люде́й. І я бу́ду захища́ти Вас від них. Сіда́йте

„Das ist nicht meins“, sagte der Mann.

„Wessen Telefon klingelt dann in Ihrer Tasche?“, fragte Igor.

„Ich weiß es nicht“, antwortete der Mann.

„Zeigen Sie es mir bitte“, sagte Igor und holte das Handy aus der Tasche des Mannes.

„Oh, das ist meins!“, rief die Frau.

„Hier, nehmen Sie Ihr Telefon“, sagte Igor und gab es ihr.

„Darf ich?“, fragte Igor und steckte seine Hand wieder in die Tasche des Mannes. Er holte ein anderes Handy hervor und dann noch eins.

„Gehören die auch nicht Ihnen?“, fragte Igor den Mann.

Der Mann schüttelte den Kopf und schaute weg.

„Was für seltsame Handys!“, rief Igor. „Sie sind ihren Besitzern davongelaufen und in die Tasche dieses Mannes gesprungen! Und jetzt klingeln sie in seiner Tasche, oder nicht?“

„Ja, das tun sie“, sagte der Mann.

„Wie Sie wissen, ist es mein Job, Menschen zu beschützen. Und ich werde Sie vor ihnen beschützen. Steigen Sie in mein Auto und ich bringe Sie an einen Ort, wo kein Telefon in Ihre Tasche springen kann. Wir fahren

в мою маши́ну і я відвезу́ Вас у таке́ мі́сце, де жо́ден телефо́н не змо́же стрибну́ти у Ва́шу кише́ню. Ми і́демо в поліце́йський ві́дділок», - сказа́в поліце́йський. По́тім він узя́в чолові́ка під ру́ку й відві́в його́ до поліце́йської маши́ни.

«Люблю́ дурни́х злочи́нців», - посміхну́вся І́гор пі́сля то́го, як вони́ допра́вили зло́дія в поліце́йський ві́дділок.

«А розу́мних Ви зустріча́ли?» - запита́в Па́ша.

«Так. Але ду́же рі́дко, - відпові́в поліце́йський, - тому́ що розу́много злочи́нця ду́же ва́жко пійма́ти».

Тим ча́сом дво́є чоловікі́в зайшли́ в Експре́с Банк. Оди́н із них став у че́ргу. І́нший підійшо́в до ка́си й переда́в яки́йсь папіре́ць каси́рові. Каси́р узяв папіре́ць і прочита́в:

«Дороги́й това́ришу,

це пограбува́ння Експре́с Ба́нку. Відда́йте мені́ всю готі́вку. Якщо́ ви цьо́го не зро́бите, то я скориста́юся сво́ї́м пістоле́том. Дя́кую.

Щи́ро ваш,

Кузьма́»

aufs Revier“, sagte der Polizist. Dann nahm er den Mann am Arm und brachte ihn zum Auto.

„Ich mag dumme Verbrecher“, sagte Igor Strogov grinsend, nachdem sie den Dieb aufs Revier gebracht hatten.

„Hast du schon schlaue getroffen?“, fragte Pascha.

„Ja, das habe ich. Aber es passiert selten“; antwortete der Polizist. „Denn es ist sehr schwer, einen schlauen Verbrecher zu fangen.“

In der Zwischenzeit betraten zwei Männer die Express Bank. Einer von ihnen stellte sich in der Schlange an. Ein anderer ging zur Kasse und gab dem Kassierer einen Zettel. Der Kassierer nahm den Zettel und las.

„Sehr geehrter Kamerad,

das ist ein Überfall auf die Express Bank. Geben Sie mir alles Geld. Wenn Sie es nicht tun, werde ich meine Waffe benutzen. Danke.

Hochachtungsvoll,

Kusima“

„Ich denke, ich kann Ihnen helfen“, sagte der Kassierer, während er heimlich den Alarmknopf drückte. „Aber das Geld wurde

«Я ду́маю , що змо́жу допомогти́ Вам, - сказа́в каси́р, по́тайки натиска́ючи кно́пку триво́ги, - але́ я замкну́в гро́ші вчо́ра в се́йфі. Сейф ще не відчи́нений. Я попрошу́ кого́-не́будь відчини́ти сейф і принести́ гро́ші. До́бре?»

«Гара́зд. Але зробі́ть це шви́дко!» - відповів грабі́жник.

«Зроби́ти Вам ча́шку ка́ви, по́ки гро́ші кладу́ть у су́мки?"

«Ні, дя́кую Вам. Ті́льки гро́ші», - відповів грабі́жник.

Ра́діо поліце́йської маши́ни П07 заговори́ло: «Ува́га всім патруля́м. Ми отри́мали триво́гу з Експре́с Ба́нку».

«П07 прийня́в», - відповів серджа́нт Стро́гов. Він нати́снув газ до упо́ру й маши́на шви́дко стартува́ла. Коли́ вони́ під'ї́хали до ба́нку, там ще не було́ і́нших поліце́йських маши́н.

«Ми зро́бимо ціка́вий репорта́ж, якщо́ за́йдемо всере́дину», - сказа́в Па́ша.

«Ви, хло́пці робі́ть те, що вам тре́ба. А я зайду́ всере́дину че́рез за́дні две́рі», - сказа́в серджа́нт Стро́гов. Він узя́в свій пістоле́т і шви́дко пішо́в до за́дніх двере́й ба́нку. Па́ша й Ро́берт увійшли́ в банк че́рез центра́льні две́рі. Вони́ поба́чили чолові́ка, що стої́ть бі́ля

gestern von mir im Tresor eingeschlossen. Der Tresor wurde noch nicht geöffnet. Ich werde jemanden bitten, den Tresor zu öffnen und das Geld zu bringen. Okay?“

„Okay. Aber schnell!“, antwortete der Dieb.

„Hätten Sie gerne eine Tasse Kaffee, während das Geld in Taschen gepackt wird?“, fragte der Kassierer.

„Nein, danke. Nur Geld“, antwortete der Dieb.

Der Funk im Polizeiauto P07 meldete sich: „Achtung, alle Einheiten. Überfallalarm in der Express Bank.“

„P07 ist dran“, antwortete Polizeihauptmeister Strogov. Er trat aufs Gas und das Auto fuhr schnell los. Als sie an der Bank ankamen, war noch kein anderes Polizeiauto da.

„Das wird ein interessanter Bericht, wenn wir reingehen“, sagte Pascha.

„Ihr Jungs macht, was ihr braucht. Ich gehe durch die Hintertür rein“, sagte Polizeihauptmeister Strogov. Er holte seine Waffe raus und ging schnell zur Hintertür der Bank. Pascha und Robert betraten die Bank durch die Eingangstür. Sie sahen einen Mann in der Nähe der Kasse stehen. Er hatte eine Hand in seiner Tasche und sah sich um. Der Mann, der mit ihm

ка́си. Він засу́нув ру́ку в кише́ню й подиви́вся навко́ло. Чолові́к, яки́й прийшо́в з ним, відійшо́в від че́рги й підійшо́в до ньо́го.

«Де гро́ші?» - запита́в він Кузьму́.

«Іва́не, каси́р сказа́в, що їх кладу́ть у су́мки», - відпові́в і́нший грабі́жник.

«Я втоми́вся чека́ти! » - сказа́в Іва́н. Він діста́в пістоле́т і напра́вив його́ на каси́ра. « Принеси́ всі гро́ші за́раз же!» - кри́кнув грабі́жник каси́рові. По́тім він пройшо́в на середи́ну примі́щення й кри́кнув: «Слу́хайте всі! Це пограбува́ння! Ніко́му не ру́хатися!»

У цей моме́нт хтось біля ка́си поворуши́вся. Грабі́жник з пістоле́том, не ди́влячись, ви́стрелив у нього. Дру́гий грабі́жник упа́в на підло́гу й кри́кнув: «Іва́не! Ти ідіо́т! Прокля́ття! Ти підстре́лив мене́!»

«О-о, Кузьмо́! Я не ба́чив, що це ти!» - сказа́в Іва́н. У цей моме́нт каси́р шви́дко ви́біг.

«Каси́р уті́к, а гро́ші сюди́ ще не принесли́! - кри́кнув Іва́н Кузьмі́, - полі́ція мо́же ско́ро приї́хати! Що бу́демо роби́ти?»

«Візьми́ що-не́будь важке́, розби́й скло й візьми́ гро́ші. Шви́дко!» - кри́кнув Кузьма́. Іва́н узя́в метале́вий стіле́ць і

gekommen war, ging aus der Schlange zu ihm.

„Wo ist das Geld?“, fragte er Kusima.

„Iwan, der Kassierer hat gesagt, dass es in Taschen gepackt wird“, antwortete der andere Dieb.

„Ich habe es satt, zu warten“, sagte Iwan. Er holte seine Waffe hervor und richtete sie auf den Kassierer. „Bringen Sie jetzt alles Geld!“, schrie er. Dann ging er in die Mitte des Raums und rief: „Alle herhören! Das ist ein Überfall! Niemand bewegt sich!“ In diesem Moment bewegte sich jemand in der Nähe der Kasse. Der Dieb mit der Waffe schoss auf ihn, ohne hinzuschauen. Der andere Dieb fiel auf den Boden und rief: „Iwan! Du Vollidiot! Verdammt! Du hast mich angeschossen!“

„Oh, Kusima! Ich habe nicht gesehen, dass du das bist!“, sagte Iwan. In diesem Moment rannte der Kassierer schnell nach draußen.

„Der Kassierer ist weggerannt und das Geld ist noch nicht hierher gebracht worden!“, rief Iwan Kusima zu. „Die Polizei kann jeden Moment kommen! Was sollen wir machen?“

„Nimm etwas Großes, zerschlag das Glas und nimm das Geld! Schnell!“, rief Kusima. Iwan nahm einen metallenen Stuhl und schlug auf das Glas der Kasse. Natürlich

вда́рив по склу ка́си. Це було́, зві́сно, не звича́йне скло́ й воно́ не розби́лося. Але́ стіле́ць поверну́вся рикоше́том і вда́рив грабі́жника по голові! Він без свідомо́сті впав на підло́гу. У цю секу́нду вбіг сержа́нт Стро́гов і шви́дко надягну́в нару́чники на грабі́жників. Він поверну́вся до Па́ші й Ро́берта.

«Я ж говори́в! Більшість злочи́нців про́сто дурні!» - сказа́в він.

war es kein gewöhnliches Glas und zerbrach nicht. Doch der Stuhl prallte zurück und traf den Dieb am Kopf! Er fiel bewusstlos zu Boden. In diesem Moment kam Polizeihauptmeister Strogov hereingerannt und legte den Dieben schnell Handschellen an. Er drehte sich zu Pascha und Robert um.

„Hab ich es doch gesagt! Die meisten Verbrecher sind einfach nur dumm!“, sagte er.

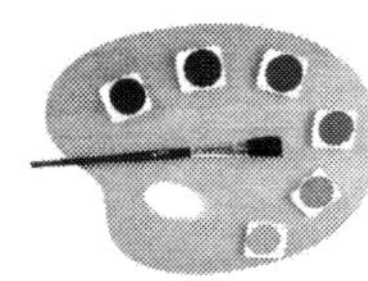

ФЛЕ́КС и а́пер

Schule für Austauschschüler (SAS) und Au-pair

Слова́

1. а́пер - au-pair
2. ви́брав - entschied sich für
3. відві́дав - besuchte
4. Ганно́вер - Hannover
5. да́та - das Datum
6. дві́чі - zweimal
7. до́нька - die Tochter
8. електро́нна по́шта - die E-Mail
9. Євра́зія - Eurasien
10. жив - lebte
11. з - seit
12. змі́на - die Änderung
13. ко́нкурс - der Wettbewerb
14. краї́на - das Land
15. курс - der Kurs
16. лист - der Brief

17. мину́в- abgelaufen
18. міня́ти - ändern
19. можли́вість - die Möglichkeit
20. навча́ння - lernen
21. наді́я - die Hoffnung; наді́ятися / сподіва́тися - hoffen
22. найбли́жчий - nächste
23. несправедли́вий - ungerecht
24. оди́н раз - einmal
25. оскі́льки / тому́ що / - da, weil
26. осо́ба - die Person
27. писа́в - schrieb
28. плати́в - bezahlte, gezahlt
29. подзвони́в - rief an
30. посла́в - schickte
31. пра́во - das Recht
32. приє́днуватися - kommen in
33. пробле́ма - das Problem
34. Свє́та - Sveta (Name)
35. село́ - das Dorf
36. сільська́ місце́вість - das Land
37. слуга́ (M), служни́ця (F) - der Bedienstete
38. станда́ртний - der Standard, Standard-
39. ста́рший - älter
40. сторі́нка Інтерне́ту - die Website
41. та́кож, теж - auch
42. уго́да, до́говір - die Vereinbarung
43. учa̍сник - der Teilnehmer
44. ФЛЕ́КС - Schule für Austauschschüler (SAS)
45. хазя́їн / госпо́дар - der Gastgeber
46. харчува́ння- das Essen

 B

ФЛЕ́КС и а́пер

Сестра́, брат і батьки́ Ро́берта жили́ в Німе́ччині. Вони́ жили́ в Ганно́вері. Сестру́ зва́ли Га́бі. Ї́й було́ два́дцять ро́ків. Вона́ вивча́ла украї́нську мо́ву з одина́дцяти років. Коли́ Га́бі було́ п'ятна́дцять ро́ків, вона́ захоті́ла взя́ти у́часть у програ́мі ФЛЕ́КС. Програ́ма ФЛЕ́КС дає́ можли́вість де́яким у́чням шкіл з Німе́ччини і Євра́зії провести́ рік в Украї́ні, прожива́ючи в сім'ї́ й

Schule für Austauschschüler (SAS) und Au-pair

Roberts Schwester, Bruder und Eltern lebten in Deutschland. Sie wohnten in Hannover. Seine Schwester hieß Gabi. Sie war zwanzig. Sie lernte Ukrainisch, seit sie elf war. Als Gabi fünfzehn war, wollte sie an dem Programm SAS teilnehmen. SAS gibt Highschool-Schülern aus Eurasien die Möglichkeit, ein Jahr in der Ukraine zu verbringen, in einer Gastfamilie zu leben

навча́ючись в украї́нській шко́лі. Програ́ма безкошто́вна. Авіаквитки́, прожива́ння в сім'ї́, харчува́ння, навча́ння в украї́нській шко́лі опла́чуються Украї́ною. Але́ на той час, коли́ Га́бі отри́мала інформа́цію про да́ту ко́нкурсу зі сторі́нки Інтерне́т, день ко́нкурсу вже мину́в.

По́тім вона́ дові́далася про програ́му а́пер. Ця програ́ма дає́ уча́сникам можли́вість провести́ рік або́ два в і́ншій краї́ні, прожива́ючи в сім'ї́, що прийма́є, догляда́ючи за ді́тьми й навча́ючись на мо́вних ку́рсах. Че́рез те, що Ро́берт навча́вся в Оде́сі, Га́бі написа́ла йому́ листа́. Вона́ попроси́ла його́ знайти́ для не́ї в Украї́ні сім'ю, що прийма́є.

Ро́берт перегля́нув кі́лька газе́т і сторіно́к з оголо́шеннями в Інтерне́ті. Він знайшо́в кі́лька приймаючих сімей з Украї́ни на http://www.aupair-world.net/.

По́тім Ро́берт відві́дав аге́нтство а́пер у Оде́сі. Його́ консультува́ла жі́нка. Її́ зва́ли Алі́са Квітко́ва.

«Моя́ сестра́ з Німе́ччини. Вона́ б хоті́ла бу́ти а́пер в украї́нській сім'ї́. Чи мо́жете Ви допомогти́ в цьо́му?» - запита́в Ро́берт Алі́су.

«Я бу́ду ра́да допомогти́ Вам. Ми

und eine ukrainische Schule zu besuchen. Das Programm ist kostenlos. Das Flugticket, die Unterkunft in der Familie, Essen und das Besuchen der ukrainische Schule werden von SAS gezahlt. Aber als sie sich auf der Website über die Ausschreibung informierte, war die Frist schon abgelaufen.

Dann erfuhr sie von dem Au-pair-Programm. Dieses Programm ermöglicht es den Teilnehmern, ein oder zwei Jahre in einem anderen Land zu verbringen, bei einer Gastfamilie zu leben, sich um die Kinder zu kümmern und eine Sprachschule zu besuchen. Da Robert gerade in Odessa studierte, schrieb Gabi ihm eine Email. Sie bat ihn darum, eine Gastfamilie für sie in der Ukraine zu finden. Robert sah Zeitungen und Webseiten mit Anzeigen durch. Er fand ukrainische Gastfamilien auf

http://www.aupair-world.net/. Dann ging Robert zu einer Au-pair-Vermittlung in Odessa. Er wurde von einer Frau beraten. Sie hieß Alisa Kwitkowa.

„Meine Schwester ist aus Deutschland. Sie würde gerne als Au-pair bei einer ukrainischen Familie arbeiten. Können Sie mir helfen?", fragte Robert Alisa.

„Natürlich, sehr gerne. Wir vermitteln Au-pairs an Familien in der ganzen Ukraine. Ein Au-pair kommt in eine Gastfamilie, um

розмі́щуємо áпер у сі́м'ях по всі́й Украї́ні. Áпер - це люди́на, кóтра влива́ється в прийма́ючу сім'ю, щоб допомага́ти по дóму й догляда́ти за ді́тьми. Сім'я, що приймає, надає апер харчування, кімнату й кишенькові гроші. Кишенькові гроші можуть бути від двох до трьох ти́сяч гри́вень. Сім'я́, що прийма́є, пови́нна заплати́ти та́кож за мóвний курс для áпер», - сказа́лаAlíса.

«Є гáрні й погáні сі́м'ї?» - запита́в Рóберт.

«Є дві проблéми при ви́борі сім'ї́. По-пéрше, дéякі сі́м'ї вважа́ють, що áпер - це служни́ця, яка́ пови́нна роби́ти все по дóму, включа́ючи готува́ння ї́жі для всіх члéнів сім'ї́, прибира́ння, прання́, робóту в саду́ і так да́лі. Алé áпер - це не служни́ця. Áпер - це як ста́рша дóнька абó син у сім'ї́, яки́й допомага́є батька́м з молóдшими ді́тьми. Щоб захисти́ти свої́ права́, áпер пови́нна розроби́ти угóду з прийма́ючою сім'є́ю. Не ві́рте, коли́ дéякі агéнтства áпер абó прийма́ючі сі́м'ї ка́жуть, що вони́ використóвують „стандáртну“ угóду. Нема́є стандáртних угóд. Áпер мóже змін́ити бу́дь-яку части́ну угóди, якщó вона́ несправедли́ва. Все, що áпер і сім'я́ бу́дуть роби́ти, пови́нне бу́ти запи́сане в угóді.

im Haus zu helfen und sich um die Kinder zu kümmern. Die Gastfamilie gibt dem Au-pair Essen, ein Zimmer und Taschengeld. Das Taschengeld liegt zwischen 2000 und 3000 Hrywnja. Die Gastfamilie muss auch einen Sprachkurs für das Au-pair bezahlen“, sagte Alisa.

„Gibt es gute und schlechte Familien?“, fragte Robert.

„Es gibt zwei Probleme bei der Wahl einer Familie. Zum einen denken manche Familien, dass ein Au-pair ein Bediensteter sei, der alles im Haus machen muss, einschließlich für die ganze Familie kochen, putzen, waschen, Gartenarbeit usw. Aber ein Au-pair ist kein Bediensteter. Ein Au-pair ist wie eine ältere Tochter oder ein älterer Sohn der Familie, der den Eltern mit den jüngeren Kindern hilft. Um ihre Rechte zu schützen, müssen die Au-pairs eine Vereinbarung mit der Gastfamilie ausarbeiten. Glaub bloß nicht, wenn Au-pair-Vermittlungen oder Gastfamilien sagen, dass sie eine Standardvereinbarung verwenden. Es gibt keine Standardvereinbarung. Das Au-pair kann jeden Teil der Vereinbarung ändern, wenn sie ungerecht ist. Alles, was ein Au-pair und die Gastfamilie machen, muss schriftlich in der Vereinbarung festgehalten werden.

Das zweite Problem ist: Manche Familien leben in kleinen Dörfern, in denen es keine

Дру́га пробле́ма така́ - де́які сім'ї живу́ть у мале́ньких се́лах, де нема́є мо́вних ку́рсів і ма́ло місць, куди́ а́пер мо́же піти́ у свій ві́льний час. У такі́й ситуа́ції необхі́дно включа́ти в уго́ду, що сім'я́, яка́ прийма́є, пови́нна опла́чувати квитки́ до найбли́жчого вели́кого мі́ста й наза́д, коли́ а́пер ї́де туди́. Це мо́же бу́ти один або́ два ра́зи на ти́ждень».

«Зрозумі́ло. Моя́ сестра́ хоті́ла б сім'ю́ із Оде́си. Чи мо́жете Ви знайти́ га́рну сім'ю́ в цьо́му мі́сті?» - запита́в Ро́берт.

«Ну що ж, за́раз є прибли́зно два́дцять сіме́й із Оде́си», - відповіла́Alíса. Вона́ подзвони́ла де́кільком з них. Сім'ї, що прийма́ють, були́ ра́ді ма́ти а́пер з Німе́ччини. Бі́льшість сіме́й хоті́ли б оде́ржати від Га́бі листа́ з фотогра́фією. Де́які з них хоті́ли та́кож подзвони́ти їй, щоб перекона́тися, що вона́ мо́же тро́хи говори́ти украї́нською мо́вою. Тому́ Ро́берт дав їм її но́мер телефо́ну.

Кі́лька сіме́й, що прийма́ють, подзвони́ли Га́бі. По́тім вона́ відпра́вила їм листа́. Вона́ ви́брала підходя́щу сім'ю́ й за допомо́гою Алі́си розроби́ла з не́ю уго́ду. Наре́шті Га́бі, спо́внена мрій і наді́й, ви́рушила в Украї́ну.

Sprachkurse und wenige Orte gibt, wo das Au-pair in seiner Freizeit hingehen kann. In diesem Fall muss die Vereinbarung enthalten, dass die Gastfamilie für Hin- und Rückfahrkarten in die nächste größere Stadt zahlen muss, wenn das Au-pair dorthin fährt. Das kann ein- oder zweimal die Woche sein."

„Alles klar. Meine Schwester hätte gerne eine Familie aus Odessa. Können Sie eine gute Familie in dieser Stadt finden?", fragte Robert.

„Na ja, im Moment haben wir etwa zwanzig Familien aus Odessa", antwortete Alisa. Sie rief ein paar von ihnen an. Die Gastfamilien waren froh, ein Au-pair-Mädchen aus Deutschland zu bekommen. Die meisten Familien wollten einen Brief mit einem Foto von Gabi. Manche wollten sie auch anrufen, um sicher zu gehen, dass sie ein bisschen Ukrainisch sprach. Also gab Robert ihnen ihre Telefonnummer.

Ein paar Gastfamilien riefen Gabi an. Dann schickte sie ihnen Briefe. Schließlich entschied sie sich für eine passende Familie und arbeitete mit Fraukes Hilfe eine Vereinbarung mit ihnen aus. Die Familie bezahlte das Ticket von Deutschland nach die Ukraine. Schließlich fuhr Gabi voller Hoffnungen und Träume nach die Ukraine.

Українсько-німецький словник

або́ - oder
абсолю́тний / по́вний / цілкови́тий - absolut
ава́рія - der Unfall
авіашо́у - die Flugschau
авто́бус - der Bus
автовідповіда́ч - der Anrufbeantworter
автору́чка - der Stift; автору́чки - die Stifte
аге́нтство - die Agentur
аге́нтство з працевлаштува́ння - die Arbeitsvermittlung
адре́са - die Adresse
акура́тний - fleissige
але́ - aber
А́нжела - Angela
анке́та - der Fragebogen
А́ня - Anya (Name)
а́пер - au-pair
апте́ка - die Apotheke
а́ркуш - das Blatt
аспіри́н - das Aspirin
бага́то - viel, viele
банк - die Bank
ба́нка - der Krug
батьки́ - die Eltern
ба́чив - sah
ба́чити - sehen
без - ohne
без свідо́мості - bewusstlos
бе́рег / бе́рег мо́ря - die Küste
би́ти, вда́рити / ударити - schlagen
бігти - rennen, joggen, laufen
бідний - arm
білий - weiß
біля - am, beim, in der Nähe
більш, бі́льше - mehr
більша части́на - grösste Teil
бли́жче - näher
бли́зько - nahe
бліди́й - blass
Бори́с Прово́рнов - Boris Provornov
брат - der Bruder
бра́ти / брать, взя́ти /взять - nehmen
брудни́й - dreckig
брю́ки - die Hose
був, була́, було́ - war
бува́й / до поба́чення - tschüss
бу́де - wird; бу́дуть - werden; бу́ду - werde
буді́вля - das Gebäude
будь ла́ска - bitte
бу́дь-який - jeder; оди́н з вас - einer von euch
були́ - waren
в той час, як / до́ки / по́ки - während
в, до, на - zu; Я іду́ в банк. - Ich gehe zur Bank.
важки́й - schwer
ва́жливий - wichtig
ва́нна кімна́та - das Bad, das Badezimmer; ва́нна - die Badewanne; ва́нний сто́лик - der Badezimmertisch
вантáжити - beladen, вантáжник - der Verlader, вантажі́вка - der Lastwagen
вби́в - tötete, getötet *(part.)*
вби́вця - der Mörder
вважа́ти - glauben
вго́лос - laut
везти́ - transportieren
вели́кий - groß
велосипе́д - das Fahrrad
ветерина́р - der Tierarzt
ве́чір - der Abend
вже, уже́ - schon
вздовж - entlang
взяв / узяв - nahm

взя́ти у́часть - teilnehmen
Ви - Sie
вибача́ти - sich entschuldigen;
Ви́бачте (мене́). - Entschuldigen Sie (mich).
вибира́ти - wählen, aussuchen
ви́брав - entschied sich für
вигу́кувати - (aus)rufen
вид / тип - Art, Typ
видавни́цтво - der Verlag
виклада́ч - beibringen, lehren
використо́вувати - benutzen
винагоро́да - die Entlohnung
виправля́ти - korrigieren
висо́кий, ви́соко - hoch
ви́стрелив, підстре́лив - schoss; angeschossen
вів, ї́хав - fuhr
відбува́тися - passieren; відбуло́ся, ста́лося - passiert
відверну́тися - sich abwenden
відві́дав - besuchte
відві́дувач - der Gast, der Besucher
ві́дділ ка́дрів - die Personalabteilung
відеоди́ск - die DVD
відеокасе́та - die Videokassette
відеомагази́н (відеокрамни́ця) - die Videothek
відкри́в - geöffnet, öffnete
відкрива́ти, відчиня́ти - öffnen
відмовля́ти(-ся) - ablehnen
відно́влення - die Genesung, Rehabilitation
відно́влювати - gesund pflegen
відпові́в - geantwortet, antwortete
ві́дповідь - die Antwort, відповіда́ти - antworten, erwidern
відпуска́ти - freisetzen
відро́ - der Eimer
відчува́ючи - fühlend
війна́ - der Krieg
вік - das Alter
ві́кна - die Fenster; вікно́ - das Fenster
ві́льний - frei
ві́льно - fließend
він - er
ві́сім - acht
ві́тер - der Wind
вітри́на - das Schaufenster
вла́сний - eigener, eigene, eigenes
вла́сник - der Besitzer
влаштува́ти - einrichten;
влаштува́ння на робо́ту - Arbeitsbewerbung
влі́во / налі́во / ліво́руч - links
вмика́ти - anmachen; вимика́ти - ausmachen
вмира́ти - sterben, вмер - starb
вмі́ння, на́вичка - die Fähigkeit
вна́слідок, че́рез - wegen
вниз - nach unten
вого́нь - das Feuer
вода́ - das Wasser
води́ти - fahren, водíй - der Fahrer
водíй таксí - der Taxifahrer
водíйські права́ - der Führerschein
воло́сся - das Haar
вона́ - sie
вони́ - sie (Pl)
во́сьмий - achter
впе́внений - sicher
впра́во / напра́во / право́руч - rechts
все - alles
все підря́д - vielseitig, alles könnend
все́ ще - noch, weiterhin
всере́дину - hinein; in
всі, все, ко́жен - alle
встава́ти - aufstehen; Встава́й! - Steh auf!
втік / утíк - lief weg
ті́шний, куме́дний - lustig
вто́млений - müde
втрача́ти, губи́ти - verlieren

ву́лиця - die Straße; ву́лиці - die Straßen
ву́лиця Що́рса - Schiorsa Strasse
ву́хо - das Ohr
вчо́ра/учора - gestern
газ - das Gas
газе́та - die Zeitung
гальмо́ - die Bremse, гальмува́ти - bremsen
Ганно́вер - Hannover
гара́зд, до́бре - gut, alles klar
га́рний - schön
Ге́ншер - Genscher (Name)
геть - weg
гість - der Gast
глядачі́ - das Publikum
говори́ти, каза́ти - sprechen
годи́на - die Stunde
годи́на, годи́нник - Uhr; Дві годи́ни. - Es ist zwei Uhr.
годува́ти - füttern
голо́дний - hungrig
го́лос - die Stimme
готе́ль - das Hotel; готе́лі - die Hotels
готівка - das Bargeld
гото́вий - fertig
гра́ - das Spiel
грабі́жник - der Räber
гра́ти / гра́ть - spielen
гри́вня - Hrywnja (ukrainisches Geld)
громадяни́н - der Herr
гро́ші - das Geld
гу́ма - der Gummi
гурто́житок - das Studentenwohnheim
дав - gab
дава́й, дава́йте (Pl) - lass uns
дава́ти / дава́ть - geben
дале́ко - weit; да́лі - weiter
да́лі бу́де - Fortsetzung folgt
да́та - das Datum
дах - das Dach
два - zwei
два́дцять - zwanzig
два́дцять оди́н - einundzwanzig
два́дцять п'ять - fünfundzwanzig
две́рі - die Tür
двигу́н - der Motor
дві ти́сячі сто два́дцять - zweitausendeinhundertzwanzig
двір, подві́р'я - der Hof
двісті - zweihundert
дві́чі - zweimal
де - wo
дев'я́тий - neunter
де́в'ять - neun
де́кілька, небага́то - ein paar
де́нь - der Tag
деся́тий - zehnter
де́сять - zehn
дзвіно́к - das Klingeln
дзвони́в - klingelte
дзвони́ти - klingeln
дзвони́ти по телефо́ну - anrufen
диви́тися - schauen, betrachten, zuschauen
дивови́жний, чудо́вий - wunderbar
дивува́ти - überraschen
диза́йн - das Design
дити́на - das Kind
дитсадо́к - der Kindergarten
ді́вчинка, ді́вчина - das Mädchen
дізна́вся про... - kennengelernt über...
дізна́тися - erfahren
ді́йсно, спра́вді - wirklich
дім, буди́нок - das Haus, das Zuhause
діста́ти / дістава́ти - erreichen, langen; herausziehen
ді́ти - die Kinder
для, на - für
до - bis, zu, zuvor, bevor
до поба́чення - Auf Wiedersehen
до ре́чі - übrigens
до́бре - gut, alles klar, okay

до́вгий - lang
дозво́лити / дозволя́ти - erlauben, gestatten
дома́шня робо́та - die Hausaufgaben
дома́шня твари́на - das Haustier
до́нька - die Tochter
допомо́га - die Hilfe; допомогти́ - helfen
доро́га - die Straße
дороги́й - lieber, liebe; teuer
до́свід - die Erfahrung
до́сить (таки́) - ziemlich
дохі́д, прибу́ток - das Einkommen
дощ - der Regen
дріт, ка́бель - das Kabel
друг - der Freund
дру́гий - zweiter
дру́жній, при́язний - freundlich
ду́же - sehr
ду́мати, міркува́ти, гада́ти - denken
ду́маючи / гада́ючи - denkend
дурни́й - dumm
дя́кувати - danken; Дя́кую вам. - Danke. Дя́кую. - Danke.
ей! - Hey!
Експре́с Банк - Express Bank
електри́чний - elektrisch
електро́нна по́шта - die E-Mail
ене́ргія - die Energie
Євра́зія - Eurasien
ж, же - doch, ja, aber; Візьмі́ть же цю кни́гу. - Nehmen Sie doch dieses Buch.
жалкува́ти - leid tun; Я жалку́ю. - Es tut mir leid.
жаль, шко́да (+Dative) - leid tun; Мені́ шко́да. - Es tut mir leid.
жив - lebte
життя́ - das Leben
жить / жи́ти - leben, wohnen
жі́нка - die Frau; жінки́ - der Frau (Dat)
жіно́чий - weiblich
жо́втий - gelb
журна́л - die Zeitschrift
журналі́ст - der Journalist
з - mit, seit
(з)нахо́дити - finden
(з)раді́ти - froh werden
з, із, від - von, aus
за - pro; Я заробля́ю 50 гри́вень за годи́ну. - Ich verdiene 50 Hrywnja pro Stunde.
за годи́ну - pro Stunde
за)га́вкав - bellte
за)плати́ти - zahlen
забру́днювати - verschmutzen
забу́ти - vergessen
завжди́ - immer
завива́ючи - heulend
заві́в - machte an (den Motor)
завме́рти - erstarren
заво́дити - anmachen (nur ein Motor)
за́втра - morgen
за́гадка - das Rätsel
зада́ча - die Aufgabe
задово́лення - der Spaß
зазвича́й / звича́йно - normalerweise
займа́ти час - Zeit nehmen; Це займа́є п'ять хвили́н. - Es nimmt fünf Minuten.
закі́нчив / заверши́в - machte fertig
закі́нчити - beenden
закри́в - schloss
закрива́ти, зачиня́ти - schließen
закри́тий - geschlossen
залиша́тися - bleiben
зали́шити - verlassen
залізни́ця - der Bahnhof
за́мість - anstelle von; за́мість те́бе - an deiner Stelle
зану́рюватися - sinken, eintauchen
запере́чувати - dagegen sein, protestieren

запи́ска - die Notiz
записни́к, нота́тник - das Notizbuch; записники́, нота́тники - die Notizbücher
запи́сувати - aufnehmen
запита́ти - fragte, gefragt
запо́внити - ausfüllen
за́раз - jetzt, zurzeit, gerade
заробля́ти - verdienen
засу́нути / засо́вувати - einstecken
захища́ти - beschützen
захова́вся - versteckte
захопи́ти - erbeuten
зачепи́ти(ся) - sich anhaken, hängenbleiben
збро́я - die Waffe
звича́йний - gewöhnlich; normal
звича́йно, авже́ж, зрозумі́ло - natürlich
звільни́ти - feuern
згада́в - erinnerte sich
зго́ден / зго́дний - einverstanden (Adj)
зда́тися - aufgeben
здиво́ваний - überrascht, verwundert
здивува́ння - die Überraschung
зді́бність / обдаро́ваність - die Begabung
здоро́в'я - die Gesundheit
здо́рово - toll
здра́стуйте, добри́день - hallo
зе́бра - das Zebra
зеле́ний - grün
земля́ - die Erde; Land
ззаду - hinter
зі́рка - der Stern
зі́рочка - das Sternchen
зле́гка - leicht
злови́ти - fangen
зло́дій - der Dieb, зло́дії - die Diebe
злочи́нець - der Verbrecher
змі́на - die Änderung
знав - wusste
знайо́митися - kennenlernen; Ра́дий(а) з Ва́ми познайо́митися. - Ich bin froh Sie kennenzulernen.
знайшо́в - gefunden
зна́ти - kennen, wissen
знахо́диться / знахо́дитися - ist, befindet sich; Крамни́ця знахо́диться по́ряд. - Der Laden ist nah.
знахо́дяться - sind, befinden sich; Крамни́ці знахо́дяться по́ряд. - Die Läden sind nah.
зна́чити, означа́ти - bedeuten
зни́щити - zerstören
знíма́ти - abnehmen
зніякові́лий, розгу́блений - verwirrt
зно́ву - wieder
зоопа́рк - der Zoo
зра́зу - gleich
зрозумі́в - verstanden, verstand
зумі́ти - schaffen
зупини́в - beendete
зупиня́ти(ся) - anhalten
зустрі́в - getroffen, traf, kennengelernt
зустріча́ти(ся) - treffen, kennenlernen
його́ - ihn (Akkusativ), sein(e) (Possessivpronomen); його́ лі́жко - sein Bett; Я зна́ю його́. - Ich kenne ihn. Це його́ кни́га. - Das ist sein Buch.
йому́ - ihm
йти / іти́ - gehen, weggehen
і так да́лі - usw.
і, й, та / а - und
Іва́н - Ivan (Name)
і́грашка - das Spielzeug
іде́я - die Idee
ї́жа - das Essen
із, з - aus, von
ї́здити - fahren

їй - ihr (Dativ); Я хочу́ подарува́ти їй ці кві́ти. - Ich möchte ihr diese Blumen schenken.
ї́ї - sie (Akkusativ), ihr(e) (Possessivpronomen); Я зна́ю ї́ї. - Ich kenne sie. Це ї́ї кни́га. - Das ist ihr Buch.
їм - ihnen (Dativ)
ім'я - der Name; на́зва - der Name (für Sachen)
індивіду́ально - einzeln
інжене́р - der Ingenieur
інколи, іноді, де́коли - manchmal, ab und zu
інопланетя́нин / прибу́лець - der Außerirdische
інформа́ція - die Information, die Angabe
інший - ein anderer, eine andere, ein anderes
Іспа́нія - Spanien
іспа́нський - spanische
ї́сти - essen
істо́рія - die Geschichte
італі́йський - Italienische
іти́ / йти / ходи́ти - gehen, kommen
їх - sie (Akkusativ), ihr(e) (Possessivpronomen); Я зна́ю їх. - Ich kenne sie. Це ї́хні кни́ги. - Das sind ihre Bücher.
ї́хати / ї́хать - fahren
ї́хати на велосипе́ді - Fahrrad fahren, mit dem Fahrrad fahren
ка́ва - der Kaffee
ка́мінь - der Stein
капелю́х - der Hut
капіта́н - der Kapitän
ка́рта - die Karte
ка́рта люди́ни - der Plan des Mannes
карти́н(к)а, зобра́ження - das Foto, das Bild
ка́са - die Kasse; каси́р - der Kassierer
Ка́спер - Kasper (Name)
кафе́ - das Café
квита́нція - die Quittung
квито́к - die Fahrkarte
кві́тка - die Blume
кенгу́ру́ - das Känguru
керівни́к / керівни́ця - der Leiter / die Leiterin
Ке́рол - Carol
керува́ти - lenken
ки́лим - der Teppich
кит - der Wal; кит-вби́вця - der Schwertwal
кише́ня - die Tasche
кіломе́тр - der Kilometer
кі́лька/де́кілька, небага́то - einige
кімна́та - das Zimmer; кімна́ти - die Zimmer
кіне́ць - das Ende
кі́шечка - die Miezekatze
кі́шка, ки́цька - die Katze
клавіату́ра - die Tastatur
клас - die Klasse
кла́сна кімна́та - das Klassenzimmer
кла́сти - liegen
кліє́нт - der Kunde
клуб - der Verein
ключ - der Schlüssel
кни́га - das Buch
кни́жкова ша́фа - das Bücherregal
кно́пка - der Knopf
ко́жен - jeder, jede, jedes
коле́га - der Kollege
ко́лесо - das Rad
коли́ - wenn
Колобо́ков - Kolobokov (Name)
кома́нда - die Mannschaft
кома́р - die Stechmücke
комп'ю́тер - der Computer
компа́кт-диск - die CD
компа́нія - die Firma
ко́нкурс - der Wettbewerb

консульта́нт - der Berater
консульта́ція - die Beratung
консультува́ти - beraten
контро́ль - die Kontrolle
координа́ція - die Koordination
корабе́ль - das Schiff
коро́ткий - kurz
космі́чний корабе́ль - das Raumschiff
ко́смос - das Weltall
котеня́ - das Kätzchen
котри́й - der, die, das *(konj.)*
коха́ти - lieben
ко́штувати - kosten
краї́на - das Land
крамни́ця - der Laden; крамни́ці - die Läden
кран - der Wasserhahn
кра́сти / цу́пити - stehlen
кра́ще - besser
кра́щий - beste
кри́кнув - gerufen, rief
кримін́альний - kriminell
криста́л - das Kristall
крича́ти - schreien, rufen
крім - außer, ausgenommen
Крі́стіан - Kristian (Name); Крі́стіана - Kristians
крок - der Schritt
Кузьма́ - Kuzma (Name)
купува́ть / купува́ти - kaufen
курс - der Kurs
ку́ртка - die Jacke
куса́ти - beißen
ку́хня - die Küche
ла́зер - der Laser
лев - der Löwe
лежа́ти - liegen
лист - der Brief
лише́ - nur
лі́дер - der Führer
лі́жка - die Betten; лі́жко - das Bett
лі́кар - der Arzt
літа́к - das Flugzeug
літа́ти - fliegen
ліфт - der Aufzug
лови́ти - fangen
Лю́ба - Luba (Name)
люби́в - liebte, geliebt
люби́ти - mögen, lieben
любо́в / коха́ння - die Liebe
лю́ди - die Menschen
люди́на - der Mensch
лю́дський - menschlich
ля́лька - die Puppe
мав - hatte, gehabt
ма́впа - der Affe
мада́м - die Madame
ма́є - er/sie/es hat; Він ма́є кни́гу. - Er hat ein Buch.
майбу́тній - zukünftig
мале́нький - klein
ма́ло, тро́хи - wenig
ма́ма - Mama, die Mutter
ма́мин - der Muti (Dat)
ма́сло - die Butter
ма́ти - haben
ма́ти / ма́тір - die Mutter
матра́с - die Matratze
маши́на - das Auto; die Maschine
ме́блі - die Möbel
меди́чний - medizinisch
мене́ / мені́ - mich / mir
(мені́) ціка́во - ich frage mich
ме́нше, ме́нш - weniger
мета́л, метале́вий - das Metall
ме́тод - die Methode
метр - der Meter
ми - wir
Мико́ла - Mikola (Name)
мину́в - abgelaufen
мину́лий - vorige, letzte
мисте́цтво - die Kunst
ми́ти - waschen
Михаї́л (Миха́йло) - Mikhail

міг - könnte
між - zwischen
мі́й (M), моя́ (F), моє́ (N), мої́ (Pl) - mein, meine, mein, meine
мікрофо́н - das Mikrofon
мілья́рд - Billionen
мі́німум - wenigstens
міня́ти - ändern
міст - die Brücke
мі́сто - die Stadt
мі́сце - der Platz
мі́сяць - der Monat
міцни́й - starker
мобі́льний - das Handy
мо́ва - die Sprache
мовчазни́й - leise
мовча́ти - schweigen
мо́вчки - schweigend
могти́, умі́ти - können; Я умі́ю / мо́жу чита́ти. - Ich kann lesen.
можли́вий - möglich
можли́вість - die Möglichkeit
можли́во - wahrscheinlich, können; Я, можли́во, піду́ в банк. - Ich kann zur Bank gehen.
мо́жна - dürfen, können; Мо́жна Вам допомогти́? - Kann ich Ihnen helfen?
мо́крий - nass
молоди́й - jung
моме́нт - der Moment
моното́нний - monoton
мо́ре - das Meer
моро́зиво - das Eis
мрі́я - der Traum
мрі́яти - träumen
му́зика - die Musik
на - auf, in, on, at
на ву́лиці - draußen
на ву́лицю - nach außen
(на)писа́ти - schreiben
(на)учи́тися / (на)вчитися - lernen
набра́ти / набира́ти - wählen (am Telefon)
на́вичка / на́вички - die Fertigkeit(en)
навко́ло - rund, umher
навча́ння - lernen
нагріва́ти - aufwärmen
над - über
наді́я - die Hoffnung
наді́ятися / сподіва́тися - hoffen
на́дто, зана́дто - zu; зана́дто дороги́й - zu teuer
наза́д - zurück
назива́ти - nennen
назо́вні - nach draussen
найбли́жчий - der nechste, in der Nähe, nächste
нака́зувати - befehlen
нам / нас - uns (Dat.) / uns (Ak.)
нама́гався - versuchte
нама́гатися - versuchen
напо́внювати - füllen
напра́вив на - richtete
направля́тися / йти́ - gehen
наре́шті - schließlich
нару́чники - die Handschellen
насі́ння - das Saatgut
наступа́ти - treten
натиска́ючи ного́ю - tretend
нати́снув ного́ю - trat
нати́снути / натиска́ти - drücken
на́фта - das Öl
націона́льність - die Nationalität
на́чебто - als ob
наш - unser
не - nicht
не мо́жна (+ Dative) - nicht dürfen; Йому́ не мо́жна працюва́ти. - Er darf nicht arbeiten.
нега́йно - sofort
неді́ля - Sonntag
незнайо́мий - fremd

нена́видіти - hassen
непра́вильно - falsch
несподіванка - Überraschung
несподівано, знена́цька, ра́птом - plötzlich
несправедли́вий - ungerecht
несправний - außer Betrieb
нести́ - bringen, bringen in Händen
ні - nein
ніж - als; Мико́ла ста́рший ніж Люба. (Микола старший за Любу / від Люби) - Mikola ist älter als Liuba.
ніко́ли - nie
німець - der Deutsche, німка / німке́ня - die Deutsche
німе́цький - deutsche
Німе́ччина - der Deutschland
ніс - die Nase
ніхто́ - niemand
ніч - die Nacht
нічого́ / ніщо́ - nichts
ніякий, жо́дний / жо́ден - nein
нови́й - neu
нога́ - das Bein
но́мер - dic Nummer
Норве́гія - Norwegen
о - um, о пе́ршій годи́ні - um eins
О! - Oh!
обли́ччя - das Gesicht
обме́ження, ліміт - die Begrenzung
обслу́говувати - bedienen
оголо́шення - das Inserat
Оде́са - Odessa
оди́н - ein
оди́н о́дного - einander
оди́н по о́дному - einer nach dem anderen
оди́н раз - einmal
одина́дцять - elf
одру́жений - verheitatet (ein Mann); заміжня - verheitatet (eine Frau)
о́дяг - Kleidung
одяга́ти / одягну́ти - anziehen
одя́гнений, вбра́ний - gekleidet, angezogen
о́зеро - der See
о́ко - das Auge; о́чі - die Augen
олімпійський - olympisch
опу́дало парашути́ста - die Fallschirmspringerpuppe
освіта - die Ausbildung
оскільки / тому що - weil, denn, da
осо́ба - die Person
особи́стий - persönlich
особли́во - vor allem
отри́мувати, оде́ржувати - bekommen, kriegen, erhalten
о́фіс - das Büro
офіце́р - der Polizist
оціни́в - ausgewertet
оцінювати - beurteilen
очища́ючи - putzend
п’я́тий - fünfter
п’ятна́дцять - fünfzehn
п’ять - fünf
па́дати - fallen
па́даючий - fallend
падіння - der Fall
пан - Herr; пан Івано́в - Hr. Iwanow
пан Соколо́в - Hr. Sokolov
панікува́ти - in Panik versetzen
папір - das Papier
парашу́т - der Fallschirm
парашути́ст - der Fallschirmspringer
парк - der Park; па́рки - die Parks
патру́ль - die Patroiulle, die Streife
пацю́к - die Ratte
Па́ша - Pascha (Name)
Па́ші - Paschas; кни́га Па́ші - Paschas Buch
перевіря́ти - kontrollieren
перегорта́ти (сторінку) - durchblättern
пе́ред - gegen, vor, bevor

пéред тим, як - bevor, zuvor
перéдній - vorn
перекладáч - der Übersetzer
переконáтися - eine Überzeugung gewinnen
перелякáний - ängstlich
перéрва - die Pause
перш ніж - bevor
пéрший - der erste
писáв - schrieb
письмéнник - der Schriftsteller
письмéнницька прáця (робóта) - Schreibarbeit
письмóвий стіл - der Schreibtisch
пи́ти - trinken
пів на дев'я́ту - halb neun
під - unter
під чáс - zu Zeiten
підійти́ для... - geeignet sein für...
підкрéслити - unterstreichen
підлóга - der Boden
піднімáти - heben
піднімáтися - aufstehen
підру́чник - das Fachbuch
підходя́щий - passend
піклувáтися - sich kümmern um
пілóт - der Pilot
після - nach
після цьóго - danach
пісóк - der Sand
пішки - zu Fuß
пішóв - ging (weg)
плáвати - schwimmen
плáкати - weinen
план - der Plan
планéта - der Planet
планувáти - planen
плати́в - bezahlte, gezahlt
пливти́ - schwimmen, treiben
пливу́чий - schwimmender, treibender
плитá кухóнна - der Herd
плóща - der Platz
по бáтькові - der Vatersname, der zweite Name
(по)вести́ - füren, bringen j-n
(по)клáсти - legen
(по)ми́ти - waschen
поверну́в(-ся) - drehte (sich)
повертáтися - zurückkommen
повз, ми́мо - vorbei
пови́нен, му́шу - müssen; Я пови́нен іти́. - Ich muss gehen.
повідóмив - informierte, teilte mit
повідóмлювати - berichten, informieren, mitteilen
пові́льно - langsam
пові́тря - die Luft
пóвна зáйнятість - Vollzeitarbeit
пóвний - voll
погáний - schlecht
погóда - das Wetter
погóджуватися - einverstanden sein
погóня - die Verfolgung
пограбувáння - der Diebstahl
подавáти заяву - sich bewerben
подзвони́в - rief an
подиви́вся - sah, schaute, geschaut
подóбатися (passive form +Dative) - gefallen; Вонá мені подóбається. - Sie gefällt mir.
пóдруга - die Freundin
пóїзд - der Zug
поЇздка - Fahrt
поЇхав - fuhr los
показáв - zeigte
покáзувати - zeigen
покидáти / йти - verlassen
поку́пка - Einkauf
пóле, графá - das Feld
полетíв - flog weg
поліцéйський - der Polizist
полíція - die Polizei
полови́на - halb

помічни́к - der Helfer
поміща́ти - legen
понеді́лок - Montag
пора́, час - es ist an die Zeit, es ist soweit
поро́жній / порожня - leer
пору́шник - der Raser
по́ряд - nahe
поса́да - die Position
посла́в - schickte
посміха́тися - lächeln
посміхну́вся - lächelte, gelächelt
по́смішка - das Lächeln
пості́йний - beständig
по́тайки - heimlich
по́тім, тоді́, пото́му - dann
поча́в - begann, begonnen
почина́ти - anfangen
почи́стив - säuberte
поя́снювати / поясни́ти - erklären; Ви мо́жете поясни́ти це? - Können Sie das erklären?
пра́вило - die Regel
пра́вильний - richtig(er)
пра́вильно - richtig
пра́во - das Recht
пра́льна маши́на - die Waschmaschine
працюва́в - arbeitete, gearbeitet
працюва́ти - arbeiten
працю́ючий - arbeitende
прекра́сний - schön, wunderschön
прибли́зно, бли́зько - etwa
прибра́ти / прибира́ти - wegnehmen
прибу́в - angekommen
прибу́ти - ankommen
приві́т, здоро́в - hallo
привіта́ти - grüssen
приво́зити - bringen
приво́зячи - bringend
приго́да - das Abenteuer
приготува́ння ї́жі - das Kochen
приготува́ти(ся) - vorbereiten (sich)
приділя́ти час - Zeit zuteilen / finden
прие́днуватися - kommen in
приземля́тися - landen
прийшо́в - kam, gekommen
прики́нутися / прикида́тися / придури́тися - vorgeben; so tun, als ob
при́клад - das Beispiel; напри́клад - zum Beispiel
приму́сити / приму́шувати - zwingen
прине́сення - gebracht
приро́да - die Natur
пристіба́ти - anschnallen
причи́на - der Grund
(про)аналізува́ти - analysieren
(про)ні́сся - raste
пробле́ма - das Problem
про́бувати - versuchen
прово́дити час - Zeit verbringen
програ́ма - das Programm
програмі́ст - der Programmierer
прогу́лянка - Spaziergang
продава́ти - verkaufen
продаве́ць / продавщи́ця - der Verkäufer / die Verkäuferin
продо́вжити - fortführen
прокля́ття - verdammt
проковтну́ти - (hinunter)schlucken
промо́ва - die Rede
пропа́в - weg sein
проси́ти - bitten
прости́й - einfach
про́ти - gegen
про́тягом - im Verlauf, während
профе́сія - der Beruf
птах - der Vogel
пуска́ти, дозво́лити - lassen
пусти́й, поро́жній - leer
рада́р - der Radar
ра́дий - froh
ра́діо - das Radio
ра́зом - zusammen

рані́ше - vorher
ра́нок - der Morgen
реда́ктор - der Herausgeber, der Redakteur
рекла́ма - die Werbung
рекоменда́ція - die Empfehlung
рекомендува́в - empfiehl
рекомендува́ти - empfehlen
ре́мені безпе́ки - der Sicherheitsgurt
репорте́р - der Reporter
рете́льний - sorgfältig
рикоше́том - abprallen
рід - die Art
рі́дко - selten
рі́дна мо́ва - die Muttersprache
рі́зний - verschieden
рік - das Jahr
річ, предме́т - das Ding, die Sache
Ро́берт - Robert (Name)
Ро́берта - Roberts
роби́в - machte
роби́ти - machen
робо́та - die Arbeit
роботода́вець - der Arbeitgeber
робо́чий - der Arbeiter
роди́на, сім'я́ - die Familie
роз'їжджа́ти - reisen
розби́ти - zerbrechen
розванта́жувати - abladen
розвива́ти - entwickeln
розмовля́ти´- sich unterhalten
розповсю́джувати - übergreifen
розумі́ти - verstehen
розу́мний, кмітли́вий, метико́ваний - intelligent
розу́мно - schlau, klug
розумо́ва рабо́та - Kopfarbeit
ру́брика - die Rubrik
руйнува́ти - zerstören
рука́ - der Arm, Hand
ру́хався - bewegte sich
рятува́льна слу́жба - der Rettungsdienst
рятува́ти - retten
сад - der Garten
са́мий (най-) - meist
само́тній - ledig
Све́та - Sveta (Name)
сві́й - *ersetzt alle Possessivpronomen (Singular und Plural), wenn das Subjekt im Satz der Besitzer des Objektes ist:* Я використо́вую сві́й комп'ю́тер. - *Ich benutze mein (eigener) Komputer.*
світ - die Welt
сезо́н - die (Jahres)zeit
се́йф - der Tresor
секре́т - das Geheimnis
секрета́р - die Sekretärin
село´- das Dorf
се́ндвіч - das Sandwich
Сергі́й - Sergey
серди́тий - wütend
серди́то - wütend
сержа́нт - der Polizeihauptmeister
серйо́зно - ernst
серіа́л - die Serie
сестра́ - die Schwester
сивоволо́сий - grauhaarig
сигна́л - der Piepton
сиді́ння - der Sitz
сиді́ти - sitzen
си́ла - die Stärke
си́льний - starke
си́льно - stark
син - der Sohn
си́ній - blau
си́пати, насипа́ти - schütten, gießen
сире́на - die Sirene
ситуа́ція - die Situation
сіда́ти - sich hinsetzen, sich setzen
сіді-пле́єр - der CD-Spieler
сільська́ місце́вість - das Land

сім - sieben
сімнáдцять - siebzehn
сíрий - grau
сказáв - sagte
сказáти - sagen
скíльки - wieviel
склáсти / складáти - entwerfen, verfassen
склáсти íспит - eine Prüfung bestehen
скló - das Glas
скóро, невдóвзі - bald
словá - die Wörter, die Vokabeln; слóво - das Wort, die Vokabel
слугá (M), служни́ця (F) - der Bedienstete
слýхати - hören; Я слýхаю мýзику. - Ich höre Musik.
смачни́й - lecker
смердю́чий - stinkend
смертéльний - tödlich
смія́тися - lachen
снідáнок - das Frühstück
снíдати - frühstücken
собáка - der Hund
сон - schlafen
сóрок чоти́ри - vierundvierzig
сорóмитися - sich schämen; йомý сóромно - er schämt sich
спаніéль - der Spaniel
спáти - schlafen
спи́сок - die Liste
співáк (M), співáчка (F) - der Sänger
співáти - singen
спóрт - der Sport; спорти́вна крамни́ця - das Sportgeschäft, спорти́вний велосипéд - das Sportfahrrad
спóсіб - Art und Weise
спочáтку - erst
спрáвжній - wirkliche
спри́тний, жвáвий - schnelle
ставáти - werden; stellen
стан - der Stand; сімéйний стан - der Familienstand
стандáртний - der Standard, Standard-
стáнція - station
стари́й - alt
стáрший - älter
стать, рід - das Geschlecht
ствóрювати, справля́ти - herstellen
стікáти - ablaufen
стіл - der Tisch; столи́ - die Tische
стілéць - der Stuhl
сто - hundert
стопá - der Fuß
сторíнка Інтернéту - die Website
стоя́ти - stehen
стрибáти - springen
стрибóк - der Sprung
стрóгий - strenge
струм - der Strom
стрункий - schlank
студéнт - der Student; студéнти - die Studenten
ступня́ - der Fuß
субóта - Samstag
сýкня - Kleidung
сýмка - die Tasche
сумни́й - traurig
супермáркет - der Supermarkt
супровóджував - begleitet, begleitete
супровóджувати - begleiten
сусíд - der Nachbar
сусíдній - der nächste
сухи́й - trocken
суши́ти - trocknen
схóди / схíдці - die Treppe
схóдити з - aussteigen
США - die USA
сьогóдні - heute
сьóмий - siebter
таблéтка, пігýлка - die Tablette
так - ja

та́кож, теж - auch
таксі́ - das Taxi
там - dort (Platz)
та́нкер - der Tanker
танцюва́ти - tanzen; танцюва́в - tanzte; танцю́ючи - tanzend
тарі́лка - der Teller
та́то - der Vater, та́товий / та́тів - Vatis (Dat)
тату́сь - Papa
твари́на - das Tier
твíй - dein (Possessiv), ваш - euer, Ваш - Ihr
твір, компози́ція - der Entwurf, der Text
тво́рчий - kreativ
теж, та́кож - auch
текст - der Text
телеба́чення - der Fernseher
телеві́зор - der Fernseher
телефо́н - das Telefon
телефо́нна тру́бка, слу́хавка - der Telefonhörer
телефонува́ти - telefonieren
те́мний - dunkel
тепе́р, ни́ні, са́ме - jetzt, zurzeit, gerade
те́плий - warm
те́рти(-ся) - reiben (sich)
тест - die Prüfung
тестува́ти - prüfen
те́чія - der Fluss
ти / Ви / ви - du / Sie / ihr
тигр - der Tiger
ти́ждень - die Woche
тим ча́сом - in der Zwischenzeit
ти́сяча - eintausend, tausend
ти́хо - leise
ті - jene (Pl.)
ті́льки, лише́ - nur
това́риш - comrade
той (M), та (F), те (N) - jener, jene, jenes
той же, той са́мий - der Gleiche; одноча́сно - gleichzeitig
тому́ - deshalb, deswegen
тому́ що - da, weil
(тому́) наза́д - vor; рік (тому́) наза́д - vor einem Jahr
торго́вий центр - das Einkaufszentrum
тормозо́к - der Imbiss
тра́нспорт - der Transport
тра́тити - ausgeben, verwenden
тре́ба / потрі́бно (+ Dative) - brauchen
тренува́льний - trainiert
тренува́ти - trainieren
тре́тій - dritter
три - drei
трива́ти - dauern
триво́га - der Alarm
три́дцять - dreißig
тро́хи - ein bisschen
труси́ти(ся) - zittern
трюк - der Trick
трюк із рятува́ння життя́ - der Rettungstrick
тря́с(-ся) - wackelte
туале́т - die Toilette
туди́ - dorthin (Richtung)
тут - hier (Ort), сюди́ - hierher (Richtung), ось / от - hier ist / sind
тягну́ти - ziehen
у ме́не - ich habe, у нас - wir haben, у те́бе / у вас - du hast / ihr habt, у Вас - Sie haben, у ньо́го - er / es hat, у не́ї - sie hat, у них - sie haben
у, в - in
ува́га - die Aufmerksamkeit
ува́жно, акура́тно - vorsichtig
увімкну́в - machte an
уго́да, до́говір - die Vereinbarung

укра́дений - gestohlen
Украї́на - die Ukraine
украї́нець (M), украї́нка (F) - Ukrainer / Ukrainerin, украї́нський (M) (Adj) - ukrainische; украї́нська мо́ва - ukrainische Sprache
укриття́ - die Abdeckung
улю́блений - Lieblings
умива́тися - waschen
університе́т - die Universität
упав - fiel
уро́к - die Unterrichtsstunde, die Aufgabe
уча́сник - das Mitglied, der Teilnehmer
учи́тель / вчи́тель - der Lehrer
учи́ти / вивча́ти - lernen
учи́ти(-ся), навча́тися - studieren, lernen
учи́тися/вчи́тися - studieren
фе́рма - der Bauernhof
фе́рмер - der Bauer
фізи́чна робо́та - die Handarbeit
фі́льм - der Film
фіна́нси - die Finanzwissenschaft
фі́рма - die Firma
ФЛЕ́КС - Schule für Austauschschüler (SAS)
Форд - Ford
фо́рма, анке́та - das Formular
фото́граф - der Fotograf
фотогра́фія / зні́мок - die Fotografie
фотографува́ти / зніма́ти - fotografieren
фра́за - der Satz
хазя́їн / госпо́дар - der Gastgeber
харчува́ння - das Essen
хвили́на - die Minute
хвилюва́тися - sich Sorgen machen
хви́ля - die Welle
хвіст - der Schwanz
хита́ючись - schaukelnd
хи́трий - schlau, schlauer
хи́тро - schlau
хіміка́ти - die Chemikalien
хімі́чний - chemisch
хі́мія - die Chemie
хліб - das Brot
хло́пець, хло́пчик, па́рубок - der Junge
хо́ванки - das Versteckspiel
хова́ти(-ся) - sich verstecken
хо́лод - die Kälte
холо́дний - kalt
хоро́ший, га́рний, до́бре - gut
хотів - wollte
хоті́ти - wollen
хоча́ - obwohl
хто, котри́й - wer
хто-не́будь (кого́-не́будь), хтось - jemand (jemanden)
худо́жник - der Künstler
це речі - diese Dinge
це, воно́ - es
цей (M), ця (F), це (N) - dieser, diese, dieses; ця кни́га - dieses Buch
центр - das Zentrum
центр мі́ста - das Stadtzentrum
центра́льний - Haupt-, zentral
церемо́нія - die Feier
ці - diese
ціка́вий - interessant
цілува́ти - küssen
ціна́ - der Preis
цуценя́ - der Welpe
чаєва́рка - Teemaschine
чай - der Tee
ча́йник - der Kessel
час - die Zeit; час іде́ - die Zeit läuft
части́на - der Teil
частко́ва за́йнятість - die Teilzeitarbeit
ча́сто - oft
ча́шка - die Tasse
чека́в - wartete

чека́ти - warten
черво́ний - rot
че́рга - die Schlange
че́рез - hindurch
че́рез, за - in; за дві годи́ни - in zwei Stunden
четве́ртий - vierter
чи - ob; Чи мо́же він допомогти́? - Ob er helfen kann?
чий - wessen
чи́стий - sauber
чи́стити - putzen
чита́ння - das Lesen
чита́ти / чита́ть - lesen
чита́ючий - lesende
чіпля́тися до (+Dative) - ärgern
чолові́к - der Mann
чолові́ки́ - die Männer
чолові́чий - männlich
чому́ - warum
чо́рний - schwarz
чоти́ри - vier
чув - hörte, gehört
чудо́во - super, toll
шанс - die Chance
швидки́й - schnelle(r)
шви́дкість - die Geschwindigkeit
шви́дко - schnell
широ́кий - weit
ши́роко - weit
шістдеся́т - sechzig
шість - sechs
шко́ла - die Schule
шлях - der Weg
шо́стий - sechster
штовха́ти - stoßen, ziehen
шука́ти - suchen
щасли́вий - glücklich
ща́стя - das Glück
ще - noch; ще оди́н - noch einen
щи́ро - offenherzig
що - dass; Я зна́ю, що вона́ украї́нка. - Ich weiss, dass sie ist Ukrainerin. Я зна́ю, що ця кни́га ціка́ва. - Ich weiß, dass dieses Buch interessant ist.
що - was; Що це? - Was ist das?
що ме́шкає, котри́й ме́шкає - wohnhaft
щоб - um... zu...
щогоди́ни - stündlich
щоде́нно / щодня́ - täglich, jeden Tag
що-не́будь, щось, де́що - etwas
я - ich; я бу́ду - Ich werde
як - wie; Як я. - Wie ich.
як мо́жна часті́ше / якнайчасті́ше - so oft wie möglich
Як спра́ви? Як ся ма́єш? - Wie geht es?
як що́до…? - was ist mit…?
яки́й - welcher/welche/welches; Яки́й стіл? - Welcher Tisch?
яки́й-не́будь, бу́дь-яки́й - irgendein
якщо́ - ob, wenn, falls
я́щик - die Kiste

Німецько-український словник

Abdeckung, die - укриття́
Abend, der - ве́чір
Abenteuer, das - приго́да
aber - але́
abgelaufen - мину́в
abladen - розванта́жувати
ablaufen - стіка́ти
ablehnen - відмовля́ти(-ся)
abnehmen - зніма́ти
abprallen - рикоше́том
absolut - абсолю́тний / по́вний / цілкови́тий
acht - ві́сім
achter - во́сьмий
Adresse, die - адре́са
Affe, der - ма́впа
Agentur, die - аге́нтство
Alarm, der - триво́га
alle - всі, все, ко́жен
alles - все
als - ніж; Mikola ist älter als Liuba. - Мико́ла ста́рший ніж Лю́ба. (Микола старший за Любу / від Люби)
als ob - на́чебто
alt - стари́й; älter - ста́рший; Alter, das - вік
am, beim, in der Nähe - бі́ля
analysieren - (про)аналізува́ти
ändern - міня́ти
Änderung, die - змі́на
anfangen - почина́ти
angekommen - прибу́в
Angela - А́нжела
ängstlich - переля́каний
anhalten - зупиня́ти(ся)
ankommen - прибу́ти
anmachen - вмика́ти; anmachen (nur ein Motor) - заво́дити
Anrufbeantworter, der - автовідповіда́ч
anrufen - дзвони́ти по телефо́ну
anschnallen - пристіба́ти
anstelle von - за́мість; an deiner Stelle - за́мість те́бе
Antwort, die - ві́дповідь
antworten, erwidern - відповіда́ти
Anya (Name) - А́ня
anziehen - одяга́ти / одягну́ти
Apotheke, die - апте́ка
Arbeit, die - робо́та
arbeiten - працюва́ти
arbeitende - працю́ючий
Arbeiter, der - робо́чий
arbeitete, gearbeitet - працюва́в
Arbeitgeber, der - роботода́вець
Arbeitsbewerbung - влаштува́ння на робо́ту
Arbeitsvermittlung, die - аге́нтство з працевлаштува́ння
ärgern - чіпля́тися до (+Dative)
arm - бі́дний
Arm, der; Hand - рука́
Art, Typ - вид / тип / рід
Art und Weise - спо́сіб
Arzt, der - лі́кар
Aspirin, das - аспіри́н
auch - та́кож, теж
auf, in, on, at - на
Auf Wiedersehen - до поба́чення
Aufgabe, die - зада́ча
aufgeben - зда́тися
Aufmerksamkeit, die - ува́га
aufnehmen - запи́сувати
aufstehen - встава́ти. підніма́тися
aufwärmen - нагріва́ти
Aufzug, der - ліфт
Auge, das - о́ко; die Augen - о́чі
au-pair - а́пер

aus, von - із, з
(aus)rufen - вигу́кувати
Ausbildung, die - осві́та
ausfüllen - запо́внити
ausgeben, verwenden - тра́тити
ausgewertet - оціни́в
ausmachen - вимика́ти
außer, ausgenommen - крім
außer Betrieb - несправ́ний
Außerirdische, der - інопланетя́нин / прибу́лець
aussteigen - схо́дити з
Auto, das; die Maschine - маши́на
Bad, das, das Badezimmer - ва́нна кімна́та; die Badewanne - ва́нна; der Badezimmertisch - ва́нний сто́лик
Bahnhof, der - залізни́ця
bald - ско́ро, невдо́взі
Bank, die - банк
Bargeld, das - готівка
Bauer, der - фе́рмер
Bauernhof, der - фе́рма
bedeuten - зна́чити, означа́ти
bedienen - обслу́говувати
Bedienstete, der - слуга́ (M), служни́ця (F)
beenden - закі́нчити
beendete - зупини́в
befehlen - нака́зувати
Begabung, die - здібність / обдаро́ваність
begann, begonnen - поча́в
begleiten - супрово́джувати; begleitet, begleitete - супрово́джував
Begrenzung, die - обме́ження, лімі́т
beibringen, lehren - виклада́ч
Bein, das - нога́
Beispiel, das - при́клад; zum Beispiel - напри́клад
beißen - куса́ти
bekommen, kriegen, erhalten - отри́мувати, оде́ржувати
beladen - ванта́жити
bellte - (за)га́вкав
benutzen - використо́вувати
beraten - консульту́вати
Berater, der - консульта́нт
Beratung, die - консульта́ція
berichten, informieren, mitteilen - повідо́млювати
Beruf, der - профе́сія
beschützen - захища́ти
Besitzer, der - вла́сник
besser - кра́ще
beständig - пості́йний
beste - кра́щий
besuchte - відві́дав
Betten, die - лі́жка; das Bett - лі́жко
beurteilen - оці́нювати
bevor, zuvor - пе́ред тим, перш ніж, як
bewegte sich - ру́хався
bewusstlos - без свідо́мості
bezahlte, gezahlt - плати́в
Billionen - мілья́рд
bis, zu, zuvor, bevor - до
bitte - будь ла́ска
bitten - проси́ти
blass - бліди́й
Blatt, das - а́ркуш
blau - си́ній
bleiben - залиша́тися
Blume, die - квітка
Boden, der - підло́га
Boris Provornov - Бори́с Прово́рнов
brauchen - тре́ба / потрі́бно (+ Dative)
Bremse, die - гальмо́
bremsen - гальмува́ти
Brief, der - лист
bringen, bringen in Händen - приво́зити, нести́

bringend - приво́зячи
Brot, das - хліб
Brücke, die - міст
Bruder, der - брат
Buch, das - кни́га
Bücherregal, das - кни́жкова ша́фа
Büro, das - о́фіс
Bus, der - авто́бус
Butter, die - ма́сло
Café, das - кафе́
Carol - Ке́рол
CD, die - компа́кт-диск
CD-Spieler, der - сіді-пле́єр
Chance, die - шанс
Chemie, die - хі́мія
Chemikalien, die - хіміка́ти
chemisch - хімі́чний
Computer, der - комп'ютер
comrade - това́риш
da, weil - тому́ що
Dach, das - дах
dagegen sein, protestieren - запере́чувати
danach - після цьо́го
danken - дя́кувати; Danke. - Дя́кую вам. Danke. - Дя́кую.
dann - по́тім, тоді́, пото́му
dass - що; Ich weiss, dass sie ist Ukrainerin. - Я зна́ю, що вона́ украї́нка. Ich weiß, dass dieses Buch interessant ist. - Я зна́ю, що ця кни́га ціка́ва.
Datum, das - да́та
dauern - трива́ти
dein (Possessiv) - твій; euer - ваш; Ihr - Ваш
denken - ду́мати, міркува́ти, гада́ти
denkend - ду́маючи / гада́ючи
der, die, das *(konj.)* - котри́й
deshalb, deswegen - тому́
Design, das - диза́йн
deutsche - німе́цький
Deutsche, der - ні́мець; die Deutsche - ні́мка / німке́ня
Deutschland, der - Німе́ччина
die (Jahres)zeit - сезо́н
Dieb, der - зло́дій; die Diebe - зло́дії
Diebstahl, der - пограбува́ння
diese - ці
diese Dinge - це речі
dieser, diese, dieses - цей (M), ця (F), це (N); dieses Buch - ця книга
Ding, das, die Sache - річ, предме́т
doch, ja, aber - ж, же; Nehmen Sie doch dieses Buch. - Візьмі́ть же цю кни́гу.
Dorf, das - село
dort (Platz) - там
dorthin (Richtung) - туди́
draußen - на ву́лиці
dreckig - брудни́й
drehte (sich) - поверну́в(-ся)
drei - три
dreißig - три́дцять
dritter - тре́тій
drücken - нати́снути / натиска́ти
du / Sie / ihr - ти / Ви / ви
dumm - дурни́й
dunkel - те́мний
durchblättern - перегорта́ти (сторінку)
dürfen, können - мо́жна; Kann ich Ihnen helfen? - Мо́жна Вам допомогти́?
DVD, die - відеоди́ск
eigener, eigene, eigenes - вла́сний
Eimer, der - відро́
ein - оди́н
ein anderer, eine andere, ein anderes - і́нший
ein bisschen - тро́хи
ein paar - де́кілька, небага́то
einander - оди́н о́дного
eine Prüfung bestehen - скласти і́спит

eine Überzeugung gewinnen - переконáтися
einer nach dem anderen - оди́н по óдному
einer von euch - оди́н з вас
einfach - прости́й
einige - кілька/дéкілька, небагáто
Einkauf - покýпка
Einkaufszentrum, das - торгóвий центр
Einkommen, das - дохíд, прибýток
einmal - оди́н раз
einrichten - влаштувáти
einstecken - засýнути / засóвувати
eintausend, tausend - ти́сяча
einundzwanzig - двáдцять оди́н
einverstanden (Adj) - згóден / згóдний; einverstanden sein - погóджуватися
einzeln - індивідуáльно
Eis, das - морóзиво
elektrisch - електри́чний
elf - одинáдцять
Eltern, die - батьки́
E-Mail, die - електрóнна пóшта
empfehlen - рекомендувáти
Empfehlung, die - рекомендáція
empfiehl - рекомендувáв
Ende, das - кінéць
Energie, die - енéргія
entlang - вздовж
Entlohnung, die - винагорóда
entschied sich für - ви́брав
entwerfen, verfassen - склáсти / складáти
entwickeln - розвивáти
Entwurf, der, der Text - твір, компози́ція
er - він
er/sie/es hat - мáє; Er hat ein Buch. - Він мáє кни́гу.
erbeuten - захопи́ти
Erde, die; Land - земля́
erfahren - дізнáтися
Erfahrung, die - дóсвід
erinnerte sich - згадáв
erklären - пoя́снювати / поясни́ти; Können Sie das erklären? - Ви мóжете поясни́ти це?
erlauben, gestatten - дозвóлити / дозволя́ти
ernst - серйóзно
erreichen, langen; herausziehen - дістáти / діставáти
erst - спочáтку
erstarren - завмéрти
erste, der - пéрший
es - це, вонó
es ist an die Zeit, es ist soweit - порá, час
essen - ї́сти
Essen, das - ї́жа, харчувáння
etwa - прибли́зно, бли́зько
etwas - що-нéбудь, щось, дéщо
Eurasien - Єврáзія
Express Bank - Експрéс Банк
Fachbuch, das - підрýчник
Fähigkeit, die - вмíння, нáвичка
fahren - ї́здити, ї́хати, води́ти; der Fahrer - водíй; Fahrrad fahren, mit dem Fahrrad fahren - ї́хати на велосипéді
Fahrkarte, die - кви́тóк
Fahrrad, das - велосипéд
Fahrt - поḯздка
Fall, der - падíння
fallen - пáдати
fallend - пáдаючий
Fallschirm, der - парашýт
Fallschirmspringer, der - парашути́ст
Fallschirmspringerpuppe, die - опýдало парашути́ста
falsch - непрáвильно
Familie, die - роди́на, сім'я́

Familienstand, der - сімéйний стан
fangen - зловúти, ловúти
Feier, die - церемóнія
Feld, das - пóле, графá
Fenster, die - вíкна; das Fenster - вікнó
Fernseher, der - телебáчення, телевíзор
fertig - готóвий
Fertigkeit(en), die - нáвичка / нáвички
Feuer, das - вогóнь
feuern - звільнúти
fiel - упав
Film, der - фíльм
Finanzwissenschaft, die - фінáнси
finden - (з)нахóдити
Firma, die - компáнія, фíрма
fleissige - акурáтний
fliegen - літáти
fließend - вíльно
flog weg - полетíв
Flugschau, die - авіашóу
Flugzeug, das - літáк
Fluss, der - тéчія
Ford - Форд
Formular, das - фóрма, анкéта
fortführen - продóвжити
Fortsetzung folgt - дáлі бýде
Foto, das, das Bild - картúн(к)а, зобрáження
Fotograf, der - фотóграф
Fotografie, die - фотогрáфія / знíмок
fotografieren - фотографувáти / знімáти
Fragebogen, der - анкéта
fragte, gefragt - запитáти
Frau, die - жíнка; der Frau (Dat) - жінкú
frei - вíльний
freisetzen - відпускáти
fremd - незнайóмий
Freund, der - друг
Freundin, die - пóдруга
freundlich - дрýжній, прúязний
froh - рáдий; froh werden - (з)радíти
Frühstück, das - снідáнок
frühstücken - снíдати
fühlend - відчувáючи
fuhr - вів, ї́хав; fuhr los - поḯхав
Führer, der - лíдер
Führerschein, der - водíйські правá
füllen - напóвнювати
fünf - п’ять
fünfter - п’я́тий
fünfundzwanzig - двáдцять п’ять
fünfzehn - п’ятнáдцять
für - для, на
füren, bringen j-n - (по)вестú
Fuß, der - стопá, ступня́
füttern - годувáти
gab - дав
Garten, der - сад
Gas, das - газ
Gast, der, der Besucher - гість, відвíдувач
Gastgeber, der - хазя́їн / госпóдар
geantwortet, antwortete - відповíв
Gebäude, das - будíвля
geben - давáти / давáть
gebracht - принéсення
geeignet sein für… - підійтú для…
gefallen - подóбатися (passive form +Dative); Sie gefällt mir. - Вонá мені подóбається.
gefunden - знайшóв
gegen, vor, bevor - пéред, прóти
Geheimnis, das - секрéт
gehen, kommen - ітú / йти / ходúти / направля́тися
gekleidet, angezogen - одя́гнений, вбрáний
gelb - жóвтий
Geld, das - грóші

Genesung, die, Rehabilitation - віднóвлення
Genscher (Name) - Гéншер
geöffnet, öffnete - відкри́в
gerufen, rief - кри́кнув
Geschichte, die - istóрія
Geschlecht, das - стать, рід
geschlossen - закри́тий
Geschwindigkeit, die - шви́дкість
Gesicht, das - обли́ччя
gestern - вчóра/учора
gestohlen - укрáдений
gesund pflegen - віднóвлювати
Gesundheit, die - здорóв'я
getroffen, traf, kennengelernt - зустрів
gewöhnlich; normal - звичáйний
ging (weg) - пішóв
Glas, das - склó
glauben - вважáти
gleich - зрáзу
Gleiche, der - той же, той сáмий
gleichzeitig - одночáсно
Glück, das - щáстя
glücklich - щасли́вий
grau - сíрий
grauhaarig - сивоволóсий
groß - вели́кий
grösste Teil - бíльша части́на
grün - зелéний
Grund, der - причи́на
grüssen - привітáти
Gummi, der - гýма
gut - хорóший, гáрний, дóбре; gut, alles klar, okay - гарáзд, дóбре
Haar, das - волóсся
haben - мáти
halb - полови́на; halb neun - пів на дев'яту
hallo - здрáстуйте, добри́день, привíт, здорóв
Handarbeit, die - фізи́чна рабóта
Handschellen, die - нарýчники
Handy, das - мобíльний
Hannover - Ганнóвер
hassen - ненáвидіти
hatte, gehabt - мав
Haupt-, zentral - центрáльний
Haus, das, das Zuhause - дім, буди́нок
Hausaufgaben, die - домáшня рабóта
Haustier, das - домáшня твари́на
heben - піднімáти
heimlich - пóтайки
helfen - допомогти́
Helfer, der - помічни́к
Herausgeber, der, der Redakteur - редáктор
Herd, der - плитá кухóнна
Herr - громадяни́н, пан; Hr. Iwanow - пан Iванóв
herstellen - ствóрювати, справля́ти
heulend - завивáючи
heute - сьогóдні
Hey! - ей!
hier (Ort) - тут; hierher (Richtung) - сюди́; hier ist / sind - ось / от
Hilfe, die - допомóга
hindurch - чéрез
hinein; in - всерéдину
hinter - ззáду
hinunter)schlucken - проковтнýти
hoch - висóкий, ви́соко
Hof, der - двір, подвíр'я
hoffen - надíятися / сподівáтися
Hoffnung, die - надія
hören - слýхати; Ich höre Musik. - Я слýхаю мýзику.
hörte, gehört - чув
Hose, die - брю́ки
Hotel, das - готéль; die Hotels - готéлі
Hr. Sokolov - пан Соколóв
Hrywnja (ukrainisches Geld) - гри́вня
Hund, der - собáка
hundert - сто
hungrig - голóдний

Hut, der - капелю́х
ich - я; Ich werde - я бу́ду
ich frage mich - (мені́) ціка́во
ich habe - у ме́не; wir haben - у нас; du hast / ihr habt - у те́бе / у вас; Sie haben - у Вас; er / es hat - у ньо́го; sie hat - у не́ї; sie haben - у них
Idee, die - іде́я
ihm - йому́
ihn (Akkusativ), sein(e) (Possessivpronomen) - його́; sein Bett - його́ лі́жко; Ich kenne ihn. - Я зна́ю його́.; Das ist sein Buch. - Це його́ кни́га.
ihnen (Dativ) - їм
ihr (Dativ) - їй; Ich möchte ihr diese Blumen schenken. - Я хочу́ подарува́ти їй ці кві́ти.
im Verlauf, während - про́тягом
Imbiss, der - тормозо́к
immer - завжди́
in - у, в; че́рез, за; In zwei Stunden - за дві годи́ни
in der Zwischenzeit - тим ча́сом
in Panik versetzen - панікува́ти
Information, die, die Angabe - інформа́ція
informierte, teilte mit - повідо́мив
Ingenieur, der - інжене́р
Inserat, das - оголо́шення
intelligent - розу́мний, кмітли́вий, метико́ваний
interessant - ціка́вий
irgendein - яки́й-не́будь, бу́дь-яки́й
ist, befindet sich - знахо́диться / знахо́дитися; Der Laden ist nah. - Крамни́ця знахо́диться по́ряд. sind, befinden sich - знахо́дяться; Die Läden sind nah. - Крамни́ці знахо́дяться по́ряд.
Italienische - італі́йський
Ivan (Name) - Іва́н
ja - так
Jacke, die - ку́ртка
Jahr, das - рік
jeder - бу́дь-який; jeder, jede, jedes - ко́жен
jemand (jemanden) - хто-не́будь (кого́-не́будь), хтось
jene (Pl.) - ті
jener, jene, jenes - той (M), та (F), те (N)
jetzt, zurzeit, gerade - за́раз, тепе́р, ни́ні, са́ме
Journalist, der - журналі́ст
jung - молоди́й
Junge, der - хло́пець, хло́пчик, па́рубок
Kabel, das - дріт, ка́бель
Kaffee, der - ка́ва
kalt - холо́дний
Kälte, die - хо́лод
kam, gekommen - прийшо́в
Känguru, das - кенгуру́
Kapitän, der - капіта́н
Karte, die - ка́рта
Kasper (Name) - Ка́спер
Kasse, die - ка́са
Kassierer, der - каси́р
Kätzchen, das - котеня́
Katze, die - кі́шка, ки́цька
kaufen - купува́ть / купува́ти
kennen, wissen - зна́ти
kennengelernt über… - дізна́вся про…
kennenlernen - знайо́митися; Ich bin froh Sie kennenzulernen. - Ра́дий(а) з Ва́ми познайо́митися.
Kessel, der - ча́йник
Kilometer, der - кіломе́тр
Kind, das - дити́на
Kinder, die - ді́ти
Kindergarten, der - дитсадо́к
Kiste, die - я́щик
Klasse, die - клас

Klassenzimmer, das - клáсна кімнáта
Kleidung - óдяг, сýкня
klein - малéнький
klingeln - дзвони́ти; Klingeln, das - дзвінóк
klingelte - дзвони́в
Knopf, der - кнóпка
Kochen, das - приготувáння ї́жі
Kollege, der - колéга
Kolobokov (Name) - Колобóков
kommen in - приє́днуватися
können - могти́, уміти; Ich kann lesen. - Я умíю / мóжу читáти.
könnte - міг
Kontrolle, die - контрóль
kontrollieren - перевіря́ти
Koordination, die - координáція
Kopfarbeit - розумóва рабóта
korrigieren - виправля́ти
kosten - кóштувати
kreativ - твóрчий
Krieg, der - війнá
kriminell - кримінáльний
Kristall, das - кристáл
Kristian (Name) - Крíстіан; Kristians - Крíстіана
Krug, der - бáнка
Küche, die - кýхня
Kunde, der - кліє́нт
Kunst, die - мистéцтво
Künstler, der - худóжник
Kurs, der - курс
kurz - корóткий
küssen - цілувáти
Küste, die - бéрег / бéрег мóря
Kuzma (Name) - Кузьмá
lächeln - посміхáтися; Lächeln, das - пóсмішка
lächelte, gelächelt - посміхнýвся
lachen - смія́тися
Laden, der - крамни́ця; die Läden - крамни́ці
Land, das - краї́на; сільськá місцéвість
landen - приземля́тися
lang - дóвгий
langsam - повíльно
Laser, der - лáзер
lass uns - давáй, давáйте (Pl)
lassen - пускáти, дозвóлити
Lastwagen, der - вантажíвка
laut - вгóлос
leben, wohnen - жить / жи́ти
Leben, das - життя́
lebte - жив
lecker - смачни́й
ledig - самóтній
leer - пусти́й, порóжній / порожня
legen - (по)клáсти, поміщáти
Lehrer, der - учи́тель / вчи́тель
leicht - злéгка
leid tun - жаль, шкóда (+Dative); жалкувáти; Es tut mir leid. - Я жалкýю. Es tut mir leid. - Менí шкóда.
leise - мовчазни́й, ти́хо
Leiter, der / die Leiterin - керівни́к / керівни́ця
lenken - керувáти
lernen - (на)учи́тися / (на)вчитися; учи́ти / вивчáти; навчáння
lesen - читáти / читáть
Lesen, das - читáння
lesende - читáючий
Liebe, die - любóв / кохáння
lieben - кохáти
lieber, liebe; teuer - дороги́й
Lieblings - улюблений
liebte, geliebt - люби́в
lief weg - втік / утíк
liegen - клáсти, лежáти
links - влíво / налíво / лівóруч
Liste, die - спи́сок
Löwe, der - лев

Luba (Name) - Люба
Luft, die - повíтря
lustig - втíшний, кумéдний
machen - робúти
machte - робúв; machte an - увімкнýв;
machte an (den Motor) - завíв;
machte fertig - закíнчив / завершúв
Madame, die - мадáм
Mädchen, das - дíвчинка, дíвчина
Mama, die Mutter - мáма
manchmal, ab und zu - íнколи, íноді, дéколи
Mann, der - чоловíк
Männer, die - чоловікú
männlich - чоловíчий
Mannschaft, die - комáнда
Matratze, die - матрáс
medizinisch - медúчний
Meer, das - мóре
mehr - більш, бíльше
mein, meine, mein, meine - мíй (M), моя́ (F), моє́ (N), мої́ (Pl)
meist - сáмий (най-)
Mensch, der - людúна
Menschen, die - лю́ди
menschlich - лю́дський
Metall, das - метáл, металéвий
Meter, der - метр
Methode, die - мéтод
mich / mir - менé / менí
Miezekatze, die - кíшечка
Mikhail - Михаї́л (Михáйло)
Mikola (Name) - Микóла
Mikrofon, das - мікрофóн
Minute, die - хвилúна
mit, seit - з
Mitglied, das, der Teilnehmer - учáсник
Möbel, die - мéблі
mögen, lieben - любúти
möglich - можлúвий
Möglichkeit, die - можлúвість
Moment, der - момéнт
Monat, der - мíсяць
monoton - монотóнний
Montag - понедíлок
Mörder, der - вбúвця
morgen - зáвтра
Morgen, der - рáнок
Motor, der - двигýн
müde - втóмлений
Musik, die - мýзика
müssen - повúнен, мýшу; Ich muss gehen. - Я повúнен ітú.
Muti, der (Dat) - мáмин
Mutter, die - мáти / мáтір
Muttersprache, die - рíдна мóва
nach - пíсля
nach außen - на вýлицю
nach draussen - назóвні
nach unten - вниз
Nachbar, der - сусíд
nächste, der - сусíдній
Nacht, die - ніч
nahe - блúзько, пóряд
näher - блúжче
nahm - взяв / узяв
Name, der - íм'я; der Name (für Sachen) - нáзва
Nase, die - ніс
nass - мóкрий
Nationalität, die - національність
Natur, die - прирóда
natürlich - звичáйно, авжéж, зрозумíло
nechste, der, in der Nähe, nächste - найблúжчий
nehmen - брáти / брать, взя́ти /взять
nein - ні; ніякий, жóдний / жóден
nennen - називáти
neu - новúй
neun - дéв'ять
neunter - дев'я́тий

nicht - не; nicht dürfen - не мóжна (+ Dative); Er darf nicht arbeiten. - Йомý не мóжна працювáти.
nichts - нічогó / ніщó
nie - нікóли
niemand - ніхтó
noch - ще; noch einen - ще одúн; noch, weiterhin - всé ще
normalerweise - зазвичáй / звичáйно
Norwegen - Норвéгія
Notiz, die - запúска
Notizbuch, das - записнúк, нотáтник; die Notizbücher - записникú, нотáтники
Nummer, die - нóмер
nur - тíльки, лишé
ob - чи; Ob er helfen kann? - Чи мóже він допомогтú?
ob, wenn, falls - якщó
obwohl - хочá
oder - абó
Odessa - Одéса
offenherzig - щúро
öffnen - відкривáти, відчиня́ти
oft - чáсто
Oh! - О!
ohne - без
Ohr, das - вýхо
Öl, das - нáфта
olympisch - олімпíйський
Papa - татýсь
Papier, das - папíр
Park, der - парк; die Parks - пáрки
Pascha (Name) - Пáша; Paschas - Пáші; Paschas Buch - кнúга Пáші
passend - підходя́щий
passieren - відбувáтися; passiert - відбулóся, стáлося
Patroiulle, die, die Streife - патрýль
Pause, die - перéрва
Person, die - осóба
Personalabteilung, die - вíддíл кáдрів
persönlich - особúстий
Piepton, der - сигнáл
Pilot, der - пілóт
Plan des Mannes, der - кáрта людúни
Plan, der - план
planen - планувáти
Planet, der - планéта
Platz, der - мíсце, плóща
plötzlich - несподíвано, зненáцька, рáптом
Polizei, die - полíція
Polizeihauptmeister, der - сержáнт
Polizist, der - офіцéр, поліцéйський
Position, die - посáда
Preis, der - цінá
pro - за; pro Stunde - за годúну; Ich verdiene 50 Hrywnja pro Stunde. - Я заробля́ю 50 грúвень за годúну.
Problem, das - проблéма
Programm, das - прогрáма
Programmierer, der - програмíст
prüfen - тестувáти
Prüfung, die - тест
Publikum, das - глядачí
Puppe, die - ля́лька
putzen - чúстити
putzend - очищáючи
Quittung, die - квитáнція
Räber, der - грабíжник
Rad, das - кóлесо
Radar, der - радáр
Radio, das - рáдіо
Raser, der - порýшник
raste - (про)нíсся
Rätsel, das - зáгадка
Ratte, die - пацю́к
Raumschiff, das - космíчний корабéль
Recht, das - прáво
rechts - впрáво / напрáво / правóруч
Rede, die - промóва
Regel, die - прáвило
Regen, der - дощ

reiben (sich) - тéрти(-ся)
reisen - роз'їжджáти
rennen, joggen, laufen - бíгти
Reporter, der - репортéр
retten - рятувáти
Rettungsdienst, der - рятувáльна служба
Rettungstrick, der - трюк із рятувáння життя́
richtete - напрáвив на
richtig - прáвильно
richtig(er) - прáвильний
rief an - подзвони́в
Robert (Name) - Рóберт; Roberts - Рóберта
rot - червóний
Rubrik, die - ру́брика
rund, umher - навкóло
Saatgut, das - насíння
sagen - сказáти
sagte - сказáв
sah, schaute, geschaut - бáчив, подиви́вся
Samstag - субóта
Sand, der - пісóк
Sandwich, das - сéндвіч
Sänger, der - співáк (M), співáчка (F)
Satz, der - фрáза
sauber - чи́стий
säuberte - почи́стив
schaffen - зумíти
schauen, betrachten, zuschauen - диви́тися
Schaufenster, das - вітри́на
schaukelnd - хитáючись
schickte - послáв
Schiff, das - корабéль
Schiorsa Strasse - ву́лиця Щóрса
schlafen - сон, спáти
schlagen - би́ти, вдáрити / ударити
Schlange, die - чéрга
schlank - струнки́й
schlau, klug - хи́тро, розу́мно; schlau, schlauer - хи́трий
schlecht - погáний
schließen - закривáти, зачиня́ти
schließlich - нарéшті
schloss - закри́в
Schlüssel, der - ключ
schnell - шви́дко
schnelle - спри́тний, жвáвий
schnelle(r) - швидки́й
schon - вже, ужé
schön, wunderschön - гáрний, прекрáсний
schoss; angeschossen - ви́стрелив, підстрéлив
Schreibarbeit - письмéнницька прáця (робóта)
schreiben - (на)писáти
Schreibtisch, der - письмóвий стіл
schreien, rufen - кричáти
schrieb - писáв
Schriftsteller, der - письмéнник
Schritt, der - крок
Schule für Austauschschüler (SAS) - ФЛÉКС
Schule, die - шкóла
schütten, gießen - си́пати, насипáти
Schwanz, der - хвіст
schwarz - чóрний
schweigen - мовчáти
schweigend - мóвчки
schwer - важки́й
Schwester, die - сестрá
schwimmen, treiben - плáвати / пливти́
schwimmender, treibender - пливу́чий
sechs - шість
sechster - шóстий
sechzig - шістдеся́т
See, der - óзеро
sehen - бáчити

sehr - ду́же
Sekretärin, die - секрета́р
selten - рі́дко
Sergey - Сергі́й
Serie, die - серіа́л
sich abwenden - відверну́тися
sich anhaken, hängenbleiben - зачепи́ти(ся)
sich bewerben - подава́ти зая́ву
sich entschuldigen - вибача́ти; Entschuldigen Sie (mich). - Ви́бачте (мене́).
sich hinsetzen, sich setzen - сіда́ти
sich kümmern um - піклува́тися
sich schämen - соро́митися; er schämt sich - йому́ со́ромно
sich Sorgen machen - хвилюва́тися
sich unterhalten - розмовля́ти
´sich verstecken - хова́ти(-ся)
sicher - впе́внений
Sicherheitsgurt, der - ре́мені безпе́ки
Sie - Ви
sie - вона́; sie (Akkusativ), ihr(e) (Possessivpronomen) - її́, їх; Ich kenne sie - Я зна́ю її́. Я зна́ю їх.; Das ist ihr Buch. - Це її́ кни́га. Das sind ihre Bücher. - Це ї́хні кни́ги.
sie (Pl) - вони́
sieben - сім
siebter - сьо́мий
siebzehn - сімна́дцять
singen - співа́ти
sinken, eintauchen - зану́рюватися
Sirene, die - сире́на
Situation, die - ситуа́ція
Sitz, der - сиді́ння
sitzen - сиді́ти
so oft wie möglich - як мо́жна часті́ше / якнайчасті́ше
sofort - нега́йно
Sohn, der - син
Sonntag - неді́ля
sorgfältig - рете́льний
Spaniel, der - спаніє́ль
Spanien - Іспа́нія
spanische - іспа́нський
Spaß, der - задово́лення
Spaziergang - прогу́лянка
Spiel, das - гра́
spielen - гра́ти / гра́ть
Spielzeug, das - і́грашка
Sport, der - спо́рт
Sportfahrrad, das - спорти́вний велосипе́д
Sportgeschäft, das - спорти́вна крамни́ця
Sprache, die - мо́ва
sprechen - говори́ти, каза́ти
springen - стриба́ти
Sprung, der - стрибо́к
Stadt, die - мі́сто
Stadtzentrum, das - центр мі́ста
Stand, der - стан
Standard, der, Standard- - станда́ртний
stark - си́льно
starke - си́льний
Stärke, die - си́ла
starker - міцни́й
station - ста́нція
Stechmücke, die - кома́р
Steh auf! - Встава́й!
stehen - стоя́ти
stehlen - кра́сти / цу́пити
Stein, der - ка́мінь
sterben - вмира́ти; starb - вмер
Stern, der - зі́рка
Sternchen, das - зі́рочка
Stift, der - автору́чка; die Stifte - автору́чки
Stimme, die - го́лос
stinkend - смердю́чий
stoßen, ziehen - штовха́ти

Straße, die - ву́лиця, доро́га; die Straßen - ву́лиці
strenge - стро́гий
Strom, der - струм
Student, der - студе́нт; die Studenten - студе́нти
Studentenwohnheim, das - гурто́житок
studieren, lernen - учи́ти(-ся), навча́тися
Stuhl, der - стіле́ць
Stunde, die - годи́на
stündlich - щогоди́ни
suchen - шука́ти
super, toll - чудо́во
Supermarkt, der - суперма́ркет
Sveta (Name) - Све́та
Tablette, die - табле́тка, пігу́лка
Tag, der - де́нь
täglich, jeden Tag - щоде́нно / щодня́
Tanker, der - та́нкер
tanzen - танцюва́ти; tanzte - танцюва́в; tanzend - танцю́ючи
Tasche, die - кише́ня, су́мка
Tasse, die - ча́шка
Tastatur, die - клавіату́ра
Taxi, das - таксі́
Taxifahrer, der - воді́й таксі́
Tee, der - чай
Teemaschine - чаєва́рка
Teil, der - части́на
teilnehmen - взя́ти у́часть
Teilzeitarbeit, die - частко́ва за́йнятість
Telefon, das - телефо́н
Telefonhörer, der - телефо́нна тру́бка, слу́хавка
telefonieren - телефонува́ти
Teller, der - тарі́лка
Teppich, der - ки́лим
Text, der - текст
Tier, das - твари́на
Tierarzt, der - ветерина́р
Tiger, der - тигр
Tisch, der - стіл; die Tische - столи́
Tochter, die - до́нька
tödlich - смерте́льний
Toilette, die - туале́т
toll - здо́рово
tötete, getötet *(part.)* - вби́в
trainieren - тренува́ти
trainiert - тренува́льний
Transport, der - тра́нспорт
transportieren - везти́
trat - нати́снув ного́ю
Traum, der - мрі́я
träumen - мрі́яти
traurig - сумни́й
treffen, kennenlernen - зустріча́ти(ся)
Treppe, die - схо́ди / схі́дці
Tresor, der - се́йф
treten - наступа́ти
tretend - натиска́ючи ного́ю
Trick, der - трюк
trinken - пи́ти
trocken - сухи́й
trocknen - суши́ти
tschüss - бува́й / до поба́чення
Tür, die - две́рі
über - над
übergreifen - розповсю́джувати
überraschen - дивува́ти
überrascht, verwundert - здиво́ваний
Überraschung - несподі́ванка, здивува́ння
Übersetzer, der - переклада́ч
übrigens - до ре́чі
Uhr - годи́на, годи́нник; Es ist zwei Uhr. - Дві годи́ни.
Ukraine, die - Украї́на
Ukrainer / Ukrainerin - украї́нець (M), украї́нка (F)
ukrainisch - украї́нський (Adj)
ukrainische Sprache - украї́нська мо́ва

um - о; um eins - о пе́ршій годи́ні
um... zu... - щоб
und - і, й, та / а
Unfall, der - ава́рія
ungerecht - несправедли́вий
Universität, die - університе́т
uns (Dat.) / uns (Ak.) - нам / нас
unser - наш
unter - під
Unterrichtsstunde, die, die Aufgabe - уро́к
unterstreichen - підкре́слити
USA, die - США
usw. - і так да́лі
Vater, der - та́то
Vatersname, der, der zweite Name - по ба́тькові
Vatis (Dat) - та́товий / та́тів
Verbrecher, der - злочи́нець
verdammt - прокля́ття
verdienen - заробля́ти
Verein, der - клуб
Vereinbarung, die - уго́да, до́говір
Verfolgung, die - пого́ня
vergessen - забу́ти
verheitatet (ein Mann) - одру́жений; verheitatet (eine Frau) - замі́жня
verkaufen - продава́ти
Verkäufer, der / die Verkäuferin - продаве́ць / продавщи́ця
Verlader, der - вантá́жник
Verlag, der - видавни́цтво
verlassen - зали́шити/ покида́ти / йти
verlieren - втрача́ти, губи́ти
verschieden - рі́зний
verschmutzen - забру́днювати
verstanden, verstand - зрозумі́в
Versteckspiel, das - хо́ванки
versteckte - захова́вся
verstehen - розумі́ти
versuchen - намага́тися, про́бувати
versuchte - намага́вся
verwirrt - зніякові́лий, розгу́блений
Videokassette, die - відеокасе́та
Videothek, die - відеомагази́н (відеокрамни́ця)
viel, viele - бага́то
vielseitig, alles könnend - все підря́д
vier - чоти́ри
vierter - четве́ртий
vierundvierzig - со́рок чоти́ри
Vogel, der - птах
voll - по́вний
Vollzeitarbeit - по́вна за́йнятість
von, aus - з, із, від
vor - (тому́) наза́д; vor einem Jahr - рік (тому́) наза́д
vor allem - особли́во
vorbei - повз, ми́мо
vorbereiten (sich) - приготува́ти(ся)
vorgeben; so tun, als ob - прики́нутися / прикида́тися / придури́тися
vorher - рані́ше
vorige, letzte - мину́лий
vorn - пере́дній
vorsichtig - ува́жно, акура́тно
wackelte - тря́с(-ся)
Waffe, die - збро́я
wählen (am Telefon) - набра́ти / набира́ти
wählen, aussuchen - вибира́ти
während - в той час, як / до́ки / по́ки
wahrscheinlich, können - можли́во; Ich kann zur Bank gehen. - Я, можли́во, піду́ в банк.
Wal, der - кит; der Schwertwal - кит-вби́вця
war - був, була́, було́
waren - були́
warm - те́плий
warten - чека́ти
wartete - чека́в

warum - чому́
was - що; Was ist das? - Що це?
was ist mit...? - як що́до...?
waschen - ми́ти
waschen - (по)ми́ти, умива́тися
Waschmaschine, die - пра́льна маши́на
Wasser, das - вода́
Wasserhahn, der - кран
Website, die - сторі́нка Інтерне́ту
weg - геть
weg sein - пропа́в
Weg, der - шлях
wegen - вна́слідок, че́рез
wegnehmen - прибра́ти / прибира́ти
weiblich - жіно́чий
weil, denn, da - оскі́льки / тому що
weinen - пла́кати
weiß - бі́лий
weit - дале́ко; weiter - да́лі
weit - широ́кий / ши́роко
welcher/welche/welches - яки́й, Welcher Tisch? - Яки́й стіл?
Welle, die - хви́ля
Welpe, der - цуценя́
Welt, die - світ
Weltall, das - ко́смос
wenig - ма́ло, тро́хи
weniger - ме́нше, ме́нш
wenigstens - мі́німум
wenn - коли́
wer - хто, котри́й
Werbung, die - рекла́ма
werden; stellen - става́ти
wessen - чий
Wettbewerb, der - ко́нкурс
Wetter, das - пого́да
wichtig - ва́жливий
wie - як; Wie ich. - Як я.
Wie geht es? - Як спра́ви? Як ся ма́єш?
wieder - зно́ву
wieviel - скі́льки
Wind, der - ві́тер
wir - ми
wird - бу́де; werden - бу́дуть; werde - бу́ду
wirklich - ді́йсно, спра́вді
wirkliche - спра́вжній
wo - де
Woche, die - ти́ждень
wohnhaft - що ме́шкає, котри́й ме́шкає
wollen - хоті́ти
wollte - хоті́в
Wörter, die, die Vokabeln - слова́; das Wort, die Vokabel - сло́во
wunderbar - дивови́жний, чудо́вий
wusste - знав
wütend - серди́тий / серди́то
zahlen - (за)плати́ти
Zebra, das - зе́бра
zehn - де́сять
zehnter - деся́тий
zeigen - пока́зувати
zeigte - показа́в
Zeit, die - час; die Zeit läuft - час іде́; Zeit nehmen - займа́ти час; Es nimmt fünf Minuten. - Це займа́є п’ять хвили́н. Zeit verbringen - прово́дити час; Zeit zuteilen / finden - приділя́ти час
Zeitschrift, die - журна́л
Zeitung, die - газе́та
Zentrum, das - центр
zerbrechen - розби́ти
zerstören - зни́щити, руйнува́ти
ziehen - тягну́ти
ziemlich - до́сить (таки́)
Zimmer, das - кімна́та; die Zimmer - кімна́ти
zittern - труси́ти(ся)
Zoo, der - зоопа́рк
zu - в, до, на; Ich gehe zur Bank. - Я іду́ в банк.

zu - нáдто, занáдто
zu Fuß - пішки
zu teuer - занáдто дорогúй
zu Zeiten - під чác
Zug, der - пóїзд
zukünftig - майбýтній
zurück - назáд
zurückkommen - повертáтися
zusammen - рáзом
zwanzig - двáдцять
zwei - два
zweihundert - двíсті
zweimal - двíчі
zweitausendeinhundertzwanzig - дві тúсячі сто двáдцять
zweiter - дрýгий
zwingen - примýсити / примýшувати
zwischen - між

Zeitfracht Medien GmbH
Ferdinand-Jühlke-Straße 7
99095 Erfurt, Deutschland
produktsicherheit@kolibri360.de